KB265517

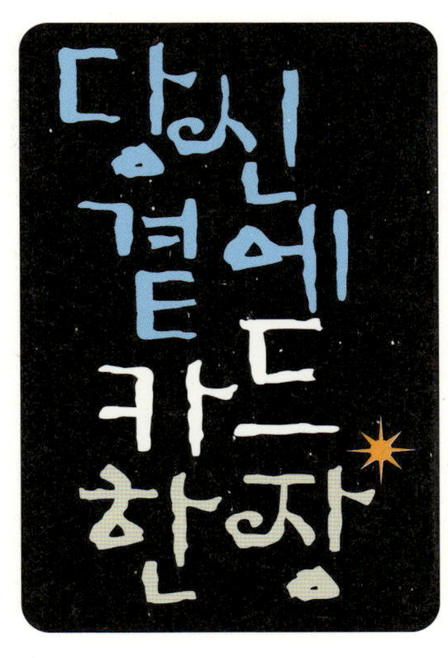
당신
곁에
카드
한장

오 정 란

무늬

차례

　그날 비가 왔고 집에는 아무도 없었다. 몇 살인지 정확한 기억은 없지만 아마도 초등학교를 입학하기 한참 전인 나이로 기억된다. 밖은 캄캄했고 창문을 두드리는 빗소리는 세찼다. 무서웠다. 이 무서움을 피해서 어디로 갈 수도 없었다. 두려움 속에서도 짜릿한 그 무엇이 전해지던 그 감정은 지금도 내 몸의 한 부분에 저장되어 몸의 기억으로 남아있다.

　그때 무서움을 떨치기 위해 내가 할 수 있는 방법은 노래를 부르는 것이었다. 노래를 부르면 무서움이 덜하지 않을까하여 어린 나는 생존전략으로 노래를 불렀으리라. 내 노래 소리를 들은 누군가가 나를 구해주리라는 마술적 사고가 작동했을 거였다.

　어둑어둑하게 저녁이 내려와 있었다. 아이는 돌아오지 않는 엄마를 기다렸고 비는 토닥토닥 양철지붕에 내리고 있었다. 혼자 노래를 부르며 나는 잠이 들었다.

　이 기억을 깨운 것이 바로 타로카드였다. 타로카드는 이 기억을 불러내 어린 나를 온전히 만날 수 있게 했다. 유년기의 이 기억으로 나는 아팠으나 그 못지않은 큰 즐거움이 나를 위로했다. 내 안에 몽환적인 무드가 있음을 알게 되었던 것이다.

　검 8번 카드였다. 두려움에 떨며 노래를 부르던 작고 파리한 아이. 그 아이는 사춘기의 나였고 박제화된 모습으로 남아있는 어린 시절의 나였다. 그런 내 모습을 꺼내볼 수 있는 도구가 있다는 게 일단은 안심이 되었다.

　이미 나는 미해결된 과제를 찾아서 여행을 떠나온 지 십여 년이 흘러와 있었다. 무의식 겹겹이 저 안으로 몸을 숨긴 채 전혀 미동도 없었기에 그 방어기제는 견고했다. '무한 긍정으로 살면 되지. 러빙프레젠스*하며 살면 되지.'라는 인지적 사고(思考)가 작동하고 있었다. 종교적인 물음을 찾아 헤매기도 하였고 심리학에서 답을 찾아보며 한쪽으로 과도하게 치우친 나의 에너지를 극복해 보려고도 하였다. 일찍 원가족(family of origin) 분리를 경험했던 나는 나의 부모, 형제를 통해, 그리고 내가 꾸린 가족을 통해 내 안의 문제들을 조명해 보고 싶었지만 내면을 직면하는 일은 쉽지 않았다. 나는 필요이상으로 뜸을 들이고 있었다.

　그런데 타로카드를 펼치고 그것들을 만나가는 가운데 나의 무의식이 출렁대기 시작했다. 빠르게 혹은 느리게, 한 눈 질끈 감기도 하며, 때론 온 맘을 다해 나에게 '어쩔래?' 하는 날선 물음으로 78장의 카드가 온몸을 내밀며 묻고 있었다. 막강했으며, 아팠다. 카드를 덮고 외면하고픈 마음도 컸다. 거부와 외면의 에너지는 막강했고 막강해서 좋았다. 그래서 매력적이었다.

　타로카드를 매개로 한 집단상담에서 내담자 대부분은 자신의 문제를 만났고 그 해결의 실마리를 찾아냈다. 자신이 가야할 길을 갈 수 있는 용기를 얻었다고 하였다. 자신의 근본적인 에너지를 순간순간 만날 수 있는 도구로 타로카드만한 게 없다고 생각한 것은 집단을 함께 한 사람들의 피드백의 힘이 컸다. 우여곡절 끝에 결국 내가 경험한 것들을 바탕으로 한권의 책으로 묶기까지 사실 내가 넘어서야할 것들이 많았다. 말은 남지 않지만 문자는 두고두고 남기에 흔적을 남기지 않는 삶, 바람 같은 삶, 지금 여기를 즐기는 것이 모토였던 내 삶에서 내 이름의 책을 남기는 것은 나에게는 도전이었으며 용기를 부르는 일이었다.

그렇지만 타로카드의 초대에 응하여 내게로 온 사람들이 처한 현실은 대체로 습하고 어두웠다. 음지의 걸음으로 내가 꾸린 집단에 참여하여 타로카드를 만난 이들이 그 안에서 자기 영혼의 향기를 맡을 수 있었다고 하였으며 다시 오늘을 살고 내일이라는 희망을 바라볼 수 있게 되었다고 했다. 그들의 격려에 나는 '용기'를 내기로 했다.

자기를 있는 그대로 마주하여 맘껏, 제대로 감정이 표현되었을 때 우리는 살만하다고 느낀다. 마법은 영화 속에서만, 드라마 속에서만 이루어지는 것이 아니라는 것을 나와 집단원들은 함께 맛보았다. 그 맛을 본 사람들이 나에게 이렇게 말하고 있다. 이상해요! 타로를 보면 제 마음이 보여요!

그렇다. 타로카드를 통해 나도 내 묵은 마음을, 내 묵은 에너지를 보다 정직하게 만날 수 있었다. 그래서 시작할 수 있었다. 이렇게 읽어보고 요렇게 응용해보았다. 그리고 그 어떤 것도 내 삶과 연결되지 않고서는 무용지물이라는 것을 알았다. 내가 나를 만나고, 내 마음을 만나고, 나와 잘 지낼 수 있을 때, 비로소 문이 열린다. 내면의 문을 여는 훌륭한 열쇠인 유니버셜 웨이트 타로와 함께 마음데이트를 떠나보자.

우리의 이 현실은 마법적인 요소가 많다는 것, 지금이 과거 어느 때보다 행복하다는 것, 살맛나는 빛깔로 다양한 색깔로 일상을 살아갈 수 있다는 것을 믿자. 이 책이 당신들의 삶을 응원해줄 수 있다면 참으로 신나는 일이겠다.

끝으로 타로집단에 함께 해주신 사랑스런 당신들과 이 기쁨을 나누고자 한다.

당신들에게,
고맙습니다.
사랑합니다.
에너지를 전합니다.

개나리 노랗게 피어난
무심천변 '해피마인드'에서

오 정 란

타로카드를
어떻게
생각할 것인가?

I

타로는 상징체계이다. 타로카드가 우리에게 전해주는 것은 기호와 상징이다. 그래서일까? 타로는 신비하고 은밀하며 두려운 기운을 주는 점성술을 연상시키는 면이 있다. 많은 사람들이 타로를 투시력이나 오컬트와 관련이 있는 것으로 여긴다. 그리하여, 타로를 우습거나 비합리적인 것으로 생각하는 경우가 흔하다.

타로는 신비한 마법도 그저 우스운 놀이도 아니다. 타로는 우리들 내면세계와 더 깊이 연결되기 위한 좋은 도구이다. 삶의 풍부한 의미를 찾으려는 우리들에게 반갑게 손을 흔드는 좋은 친구이다.

타로여행을 시작하기에 앞서

타로카드는 서양의 이분법적 사고를 기반으로 만들어졌으며 이는 대극의 원리라 할 수 있다. 자연이나 사람이나 세상에 존재하는 모든 것들은 서로 대립되는 면을 보여준다. 탄생과 죽음이 그러하며, 성장하는 것과 늙어가는 것, 생성하는 에너지와 파괴하는 에너지, 하늘과 땅, 남성과 여성, 불과 물, 빛과 어둠, 보이는 것과 보이지 않은 것 등. 이렇듯 대립의 에너지는 서로 다른 면을 바라보는 것처럼 보이지만 실은 하나로 통합되어 있다. 상대가 없다면, 한쪽 극이 없다면, 자기 존재가 설명될 수도 없으며 또한 존재 자체가 불가능하다.

맞닿아있다. 몸 하나에 두 개의 머리처럼, 하나를 도려내면 다른 것이 살 수 없는 것이다. 빛의 밝음은 어둠의 이해 없이는 불가능하다. 빛의 고마움은 어둠을 통해서 드러난다. 남성은 여성 없이는 사람으로 통합될 수 없다. 남성은 여성의 몸을 통해 나왔으며 여성의 몸은 남성의 정자를 선택하여 생명을 잉태한다. 가장 극단의 대립조차도 서로 맞물려있으니 하나를 부정하면 다른 하나가 사라질 뿐 아니라 둘 다 없어져버린다. 대립의 일치. 여기에서 일치란 통일과는 다른 개념이다. 동시 발생이다. 카드 한 장엔 빛과 어둠의 대립이 공존하고 있다.

무의식의 그림자로 타로카드는 이미 우리 안에 일찌감치 자리를 잡고 있다. 다만 우리의 의식이 그것을 막고 있을 뿐이다. 타로는 우리의 속마음을 드러내주는 도구이다. 아무에게도 말하고 싶지 않았던 그 사람에 대한 사랑을, 태연한척, 지적인척, 아주 많이 겸손한척 했을 그러한 순간순간들을 우리 앞에 제 몸을 들이밀며 타로카드는 말한다.

"어쩔래?", "이제 어쩔 건데?"

일전에 시골에 계신 아이들 할머니댁을 다녀오며 짜장면집에 갔을 때의 일이다. 우리가 자리에 앉고 나서 열아홉 명의 어르신들이 들어왔다. 세 개의 테이블에 나눠앉은 어르신들은 메뉴를 시키느라 목소리를 높였다. 메뉴도 각양각색이었다. 주문을 받는 종업원은 처음부터 약간의 짜증이 나있었으며 소주부터 주문한 남자어르신은 잔을 세 개밖에 안 준 것에 분노했다. 종업원은 정중한 사과에 앞서 또 갖다주겠노라고 했으나 어르신은 종업원에게 불같이 화를 내고 있었다.

분노의 에너지를 전환할 무언가가 필요한 순간이었다. 그때 에너지를 전환시킨 사람은 화를 내고 있는 할아버지 맞은편에 계신 할머니였다. 할머니께서 "중요한 사람부터 주나보네. 얼른 한잔 받아요." 하자 할아버지의 얼굴이 금세 밝아지더니 다소 민망해 하면서도 기분 좋은 얼굴로 술을 받았다. 할아버지의 얼굴에서 화가 슬그머니 빠져나가는 게 보였다. 조금 전까지는 화로 타올랐던 불의 에너지로 얼굴을 붉혔다면 지금의 붉어진 얼굴은 긍정적인 감정이 움직인 설렘으로 보였다.

누군가가 내게 어두운 에너지를 보낸다고 나 역시 똑같은 에너지로 받는 것은 하수의 에너지가 아닐까? 누구나 고수로 살 수는 없지만 자신의 입에서 자신의 몸에서 어떤 에너지가 방출되는지 살펴볼 필요가 있다. 우선 나 자신부터 그러려고 늘 애쓴다.

우리는 보이지 않는 에너지의 흐름 속에서 그 에너지를 나누며 살아간다. 오늘하루 내 에너지를 체크해보기에 좋은 것은 눈을 떴을 때의 컨디션이다. 그리고 대문을 나설 때의 공기접촉에서 다시 하루의 에너지를 점칠 수 있다. 머릿속 가득히 생각이나 근심이 차 있다면 그 에너지는 아래로 떨어지는 에너지, 곧 무거운 에너지가 되어 나 자신뿐만 아니라 내 주변도 어두운 에너지로 물들일 수 있다.

타로는 희망적이고 긍정적인 도구이다. 타로카드가 우리에게 주는 메시지는 우리의 삶이 고착된 상태로 어느 한곳에 매어있지 않다는 것이다. 타로카드는 현재 자신이 보유하고 있는 에너지를 지금 여기에 드러낸다. 지금 내가 어느 한곳에 정체되어 있다면 타로카드는 자신의 몸을 던져서 무언가 우리에게 강력한 메시지를 전달해준다. 그래서 타로카드를 깊이 있게 리딩하면 할수록 우리 인생과 너무도 닮아있다는 오묘함에 놀라게 된다. 인간이 지닌 원초적 본능이나 원형을 해상도 높게 보여주는 도구인 까닭이다. 깊이 있는 리딩이 되면 될수록 처음에 뜨악했던 그림들이 내 맘속으로 쏙쏙 들어와서 나를 뒤집는다.

타로는 나를 열어놓고 가는 신선한 바람과 같다. 닫힌 내 몸에 통풍이 잘되는 창문을 달아놓아 주는 고마운 목수 같다. 나를 이렇게도 뒤집어 놓고 저렇게도 뒤집어 내 마음의 속살을 그대로 볼 수 있게 하는 훌륭한 친구다.

감정의 속살, 두려움의 속살을 보이므로 타로카드는 준비되지 않은 사람들에게는 불편할 수 있다. 보고 싶지 않은, 눈감고 싶은 그 부분을 건드리기 때문이다. 그래서 두려움이 많은 사람들은 아예 카드 자체를 뽑으려 하지 않는 경우도 있다. 심지어는 미신이다, 나는 기독교인이다, 하며 카드를 거부하기도 한다. 이 지점에서 오쇼 변형타로에서 나오는 이야기 하나를 소개하고자 한다.

오쇼 변형타로 20번 카드에서 오쇼는 불교설화를 차용하여 자아를 이렇게 설명하고 있다.

두 명의 승려가 수행을 마치고 절로 돌아가는 길에 개울을 만나게 되었다. 개울은 제법 가팔랐으며 비탈졌다. 개울가에는 젊은 처녀가 개울을 건너는데 도움을 줄 사람을 기다리며 발을 동동거리고 있었다. 그때 두 승려가 나타났다. 처녀는 두 승려에게 정중하게 부탁을 했고 그 중 한 젊은 승려가 처녀를 등에 업어 강을 건너다주었다. 절에 다 가왔을 때 처녀의 도움을 거절한 승려가 도움을 준 승려에게 말했다. "자네는 죄를 범했네. 자네는 여자를 만지고 이야기하고 심지어 업기까지 했네. 이 사실을 위에 보고하겠네." 이 말을 들은 승려는 웃으며 말했다. "저는 그 처녀를 십 리 밖에 두고 왔는데, 사형은 여전히 그 처녀를 등에 업고 있는 거 같습니다."

이 설화는 우리가 흔하게 범하는 주객이 전도된, 본말이 전도된 상황을 잘 설명해준다. 타로카드는 자신의 무의식을, 자신의 현재 에너지를 시각적으로 드러내는 도구일 뿐이다. 단지 그 뿐이다. 신성시해서도 겁을 주어서도 의존해서도 안 되며, 그저 지금 자신의 에너지를 비추는 거울 정도로 생각하는 게 옳다. 맛있는 삶을 살아갈 수 있는 도구, 성찰의 기회를 주는 도우미로 여기면 족할 것이다.

타로집단에 오시는 분들 중에 "제가 본 타로카드가 아닌데요?"라고 말씀하시는 분들이 간혹 있다. 그렇다. 타로카드의 종류는 다양하다. 아니 다양하다못해 지금도 계속 만들어지고 있다고 해도 과언이 아니다. 이 책은 수많은 타로카드 중에서 유니버셜 웨이트 타로를 사용하였음을 밝혀둔다.

나에겐 내 에너지대로 나만의 카드를 만들고 싶은 제법 큰 소망 하나가 있다. 오늘도 나는 내 드로잉노트에 그림을 그리는 중이다. 소망의 등은 이미 걸어 두었다. 뚜벅뚜벅 길을 따라가다 보면 어느덧 목적지에 다다라 있듯이 내 감성과 영성이 하나로 통합된 나만의 카드를 가지게 될 날을 기대하는 중이다. 이 소망이 내 생을 더욱 즐겁게 만들어주고 있다.

타로카드와 상담

타로카드가 훌륭한 상담 도구가 된다는 것은 타로카드를 접해본 사람이라면 크게 공감할 것이다. 상담의 도구는 많을수록 좋다. 사실 상담기법을 배우는 데 상담학도들은 많은 비용과 시간을 바친다. 시간과 돈을 들여서 배운 기법들로 상담현장에서 좋은 결실을 맺기를 원하지만 기법은 기법으로서의 한계가 분명히 있다. 무엇을 사용하든 상담자의 역량만큼 내담자가 등장하기 마련이고 상담자의 내적 요인이 상담효과에 미치는 영향은 지대하다.

아직 우리나라에서는 상담에 대한 전문성이 활발하게 논의되고 있지 않기에 그만큼 상담자의 자질의 문제나 상담자의 전문성에 대해 부정적으로 보는 시각이 있다. 좀 더 말하자면 교육과 상담의 차이는 분명히 존재한다. 교육이 상대에게 정보 제공, 훈육, 도덕을 제공하는 것이라면, 상담은 상대방과 보이지 않는 에너지를 나누는 작업이다.

상담자와 내담자 사이에 어떤 일이 일어나는지 민감하지 않은 상담자는 종종 놓치기 쉽다. 상담자는 내담자와 가장 안전하게 내부를 연결해야하며 그 미묘한 무의식의 공존에서 내담자를 독립시켜 내야 한다. 이 과정이 섬세하게 이루어지지 않을 경우, "무슨 상담자가 그래!"라는 쓴 소리를 피할 수 없다. 실재로 상담현장에 있는 상담자들은 준비가 되어 있어야 한다. 상담자 자신의 성찰 없이 기법으로만 스펙으로만 내담자들을 대하면 안 되는 것이다.

상담 장면은 눈에 보이지만 상담관계에서 오고가는 에너지는 눈에는 보이지 않는 기류이다. 상담이란 눈에 보이지 않는 내담자 내면의 바다에서 낚시를 하는 것과 같다. 기법만으로는 그 바다의 깊고 넓음을 온전히 이해할 수가 없는 것이다.

내가 타로카드를 배우게 된 결정적인 동기는 중고등학교 집단상담 프로그램을 진행하면서 느꼈던 심각한 패배감에서 비롯되었다. 학생들이 좀 더 편안하게 자기를 열 수 있는 도구가 필요했다. 아이들은 입도 떼지 않았을 뿐만 아니라, 몇 가지 체크사항에도 전혀 손을 대지 않았다. 무력한 눈빛이 아니면 '너나 해라' 하는 눈빛을 보낼 뿐이었다. 프로그램을 마치고 돌아올 때면 '대체 내가 무얼 한 거지?' 하는 자책감만이 늘어나고 있었다.

때때로 나는 비속어로 채워진 그들의 언어를 흉내 내보기도 했다. 그러나 그들의 시크함을 엄마뻘인 내가 따라가기는 벅찼다. 미술치료의 기법을 접목하기도 하였고, 다양한 체크리스트를 내밀기도 하였지만 아이들의 반응은 "뭐래?", "쟨 뭐냐?" 하는 표정 일색이었다. 그만큼 우리나라의 중고등학생들은 에너지가 셌다. 꼭 센 놈들은 집단에 끼어있기 마련이었다. 그 센 에너지는 이내 집단원들에게 퍼져 나갔고 내 에너지도 표류하기 시작했다. 치료사로서의 자존감이 한없이 낮아지고 있을 무렵 타로카드가 내게로 왔다.

청소년에게 타로는 흥미 그 자체였고 무엇보다도 센 아이들일수록 곁눈질이 빨랐다. 또한 자기 이야기를 억지로 꺼내지 않아도 좋았으니 그림의 상징으로 인해 그 센 놈과 나는 단숨에 서로를 연결하는 통로 하나를 찾게 된 것이다.

타로카드의 활용은 성인들을 위한 집단상담에도 유용하게 쓰이게 되었다. 마음열기의 도구로 타로는 아주 그만이었다. 타로에 관련된 책들을 뒤적이고 그것들과 만나면서 내 눈이 환해졌다. 다르게 해석되는, 내 눈에 다르게 전달되는 것이 있었다. 점술이나 신비가 아닌 현실의 에너지가 전달되어 왔다. 어떻게 하면 좋을지, 그 방법론이 전달되어 왔다. 그러자 놀랍게도 타로를 배우고 그것을 통해 마음의 방을 열고자하는, 마음의 방을 청소하고자 하는 사람들이 내 주변에 모여들기 시작했다.

　나는 타로카드를 만나고 나서 아침이 더욱 풍요로워졌다. 아침명상 후 하루도 거르지 않고 오늘 하루의 내 에너지 상태를 점검하기 위해서 타로카드를 펼친다. 타로카드가 내게 주는 에너지를 읽고 수정한다. 많은 타로책이 역방향을 다루고 있지만 이 책에서는 역방향은 다루지 않는다. 앞에서 말했듯이 타로카드 자체가 대극의 원리로 만들어졌으며, 한 장의 카드 안에 빛과 그림자, 정(正)과 역(逆)이 다 들어있는 까닭이다.

　타로카드를 신비주의나 점술로 읽지 말고 당신의 마음을 보는 거울 정도로 바라보길 바란다. 이 책을 당신의 현재 에너지를 시각화해서 보는 정도로 이용한다면 더할 나위가 없겠다.

II

메이저 아르카나(The Major Arcana)*는 우리네 인생사의 주요한 부분을 상징하고 있다. 사람이라는 유기체로 와서 생명을 다하는 날까지 우리의 여정에서 생기는 의식, 무의식, 초의식이란 세 단계를 거쳐서 결국 하나의 인생을 마무리하는 과정을 22장의 카드는 잘 드러내고 있다.

메이저 아르카나는 0번 바보카드로 출발한다. 1번 마법사, 2번 고위 여사제, 3번 여황제, 4번 황제, 5번 교황, 6번 연인, 7번 전차카드까지가 의식차원의 카드이다.

8번 힘, 9번 은둔자, 10번 운명의 수레바퀴, 11번 정의, 12번 거꾸로 매달린 사람, 13번 죽음, 14번 절제카드까지가 무의식차원의 카드이다.

15번 악마, 16번 탑, 17번 별, 18번 달, 19번 태양, 20번 심판, 21번 세계카드까지가 초의식차원의 카드로 영적 성장의 길을 걸어온 바보가 마침내 완성된 세계에 이르는 과정을 보여준다.

이 세상에 온 순수결정체인 너 바보, 환영한다

메이저 타로카드의 출발은 **바보**라는 인물로부터다. 바보는 인생의 주인공인 나 자신이다. 화려한 옷을 입고 지팡이에 빨간 가방을 메고서 절벽위에 서있는 바보는 자유로운 몸짓으로 가슴을 앞으로 내민 채 신선한 공기를 음미하고 있다. 바보 옆에는 털 빠진 강아지 한마리가 있다.

바보가 어깨에 메고 있는 빨간 색 가방을 보며 상담자가 묻는다.

"이제 당신이 여행을 떠날 거예요. 기나긴 여행을 떠날 겁니다. 당신이 가장 담아가고 싶은 것은 무엇인가요?"

이 질문에 많은 청소년들은 핸드폰, 컴퓨터, 우정, 성적, 부모님, 여친, 남친, 먹을 것 등을 말했다. 성인집단에서는 주로 용기, 돈, 남편, 아내, 옷, 가방, 신용카드, 화장품, 사랑, 도시락, 물 등을 이야기한다.

내가 경험한 집단에서 가장 재미난 대답은 구두였다. 대답을 한 젊은 여성의 직업은 커플매니저였다. 구두는 발랄하고 섹시한 그녀의 여성성을 상징한다고 보였다.

상담자는 이 대답들에서 내담자가 자신의 인생에서 가장 중요하다고 생각하는 것들을 파악할 수 있다.

바보가 딛고 서있는 절벽은 안전지대를 상징한다. 타로카드는 많은 자극 중에 제일 먼저 눈에 들어온 것이 무엇인가에 따라 해석이 달라진다. 안전애착이 형성되어있지 않은 사람들에겐 이 절벽이 너무나 불안하다. 불안한 태내활동으로 10개월을 불편하게 지내다 나온 아이는 자신이 절벽 끝에 대롱대롱 매달려 있다고 보기 쉽다. 그래서 자신의 빨간 보따리에 '세상은 위험한 거야' 라는 신념의 도시락을 챙겨넣기 십상이다. 하지만 안전애착이 잘 형성되어진 사람들은 이 절벽을 최적의 바람을 즐길 수 있는 곳으로 인식한다. 절벽에 대한 당신의 느낌으로 당신의 안전지대를 측정해볼 수 있다.

바보 옆에 있는 털 빠진 강아지는 인생의 동반자를 상징한다. 주인공이 절벽이 있음을 인지하고 있음에도 불구하고 시끄럽게 강아지가 짖고 있다면 이 강아지는 내 인생의 잔소리꾼일 수 있다. 주로 청소년 집단에서는 부모님들이 강아지로 투사되어 나타난다.

바보 카드는 시작이나 출발을 의미한다. 그러나 그 말의 뉘앙스가 주는 어감 때문인지 몰라도 바보를 모자라는, 어리석은 사람으로 이해하는 사람들이 많다. 뭐든 남보다 잘해야 하고, 착하면 모자란 것이고, 남보다 빨라야 경쟁에서 이길 수 있다는 생각이 우리사회의 한 측면에 존재하고 있기 때문이겠지만 바보는 어리석은 사람을 의미하지 않는다.

상담현장에 있다 보면 부모라는 양육환경이 얼마나 아이의 정신건강과 밀접하게 연결되는지를 실감하는 경우가 많다. 남들 앞에서는 '친구랑 잘 지내야지, 아픈 친구는 도와주는 거야.' 라고 이야기하지만 아파트 현관문을 열고 집으로 들어서는 순간 안면이 싹 바뀌는 부모들이 있다. 장애가 있는 친구를 도와주고 배려해주는 것은 다른 집 아이가 하면 좋겠고 우리집 아이는 자기 것을 잘 챙기고, 저보다 잘난 친구들을 사귀길 바라는 것이다. 이러한 이중성이 아이에게 신체적으로나 심리적으로나 영향을 미치게 된다. 결국 그걸 싸안고 지내던 아이는 비명을 지르게 되는 것이다.

여행, 출발, 시작, 자유로움, 안전지대, 받아들임, 자유분방함, 신선함, 새로움, 순수하고 천진한 행동, 어린이 에너지, 어린이의 지혜, 본능적인 행동, being, 초대, 무책임

상담 Tip.

우리는 똑같은 선물을 받고 태어난다. 여기서 똑같다고 하는 것은 세상이라는 매트리스다. 이 지구에 '사람'으로 온 당신이 세상의 온전한 환영을 받는 것은 너무도 당연하다. 하지만 이 당연한 환경이 유전적인 요소나 가족 환경으로 제한당하는 경우가 종종 있다. 유전적인 요소나 환경이 다르다는 것은 단지 하나의 현상에 불과하다.

우리는 아무런 편견도 선입견도 없이 그저 하얀 도화지인 채로 세상에 왔다. 우리 모두는 세상이라는 무대에, 인생의 무대에 기꺼이 초대되어온 존재다. 그 상태가 바보라고 이름 붙은 0번 카드인 것이다.

무거운 스트레스에 놓여있는 사람은 일상의 소소함을 즐길 수 없다. 박장대소가 터지지 않는다. 가슴에 놓인 바윗돌을 내려놓을 수가 없다. 일상을 섬세하게 즐겁게 맞이할 수가 없다. 당신은 아픈 것이다. 그래도 당신이 이 세상에 온 것을 나는 양팔 벌려 환영한다. 어서 오라. 이 태양 아래서, 이 가파른 절벽위에서, 저 멀리 깨달음의 산을 향해 우리 즐겁게 여행을 떠나자. 두려워 말자. 눈치를 보지 말자.

삶은 우리가 통제한다고 통제되는 것이 아닐 뿐더러 우리의 의도대로 흘러가지도 않는다. 걱정하고 통제하느라 삶이 날마다 벌이는 축제를 놓치지 말자. 이 생생한 현재를 즐기며 오늘을 살아보자. 그것이 오늘 우리가 숨을 쉬는 이유이다. 모험을 즐길 수 있는 자, 당신이 갑(甲)이다.

바보 카드는 자유분방하거나 자신을 지나치게 통제하는 사람들에게서 많이 나오는 카드이다. 새로운 직업으로의 전환이나 자신에게 주어진 자유를 만끽하고자 하는 사람들에게 용기를 주는 카드이다.

의식차원의 첫 번째 카드는 **마법사**이다. 마법사의 지팡이가 천상으로부터 창조의 근원을 끌어 온다. 백지상태로 세상에 온 바보는 비로소 자신의 무한한 잠재능력을 만난다. 천상천하 유아독존. 내가 세상에 존재하는 것이 바로 내 가능성의 실현이며 내 잠재력의 구현임을 나타내는 카드이다.

마법사 앞에 놓인 탁자위에는 지구를 구성하는 4원소가 있다. 불의 원소를 나타내는 지팡이(Wands), 물의 원소를 나타내는 컵(Cups), 공기의 원소를 나타내는 검(Swords), 흙의 원소를 나타내는 펜타클(Pentacles)이 손만 뻗으면 닿는 곳에 있다.

탁자 위에 놓인 이 4원소를 내가 자유자재로 다룰 수 있으면 삶은 이미 신비이고 마법이다. 공감이 필요할 때는 컵의 원소를 써야 하고, 판단을 할 때엔 검의 원소를 들어 올려야 하는 것이다. 활동과 움직임이 필요할 때는 기꺼이 지팡이를 잡아야 하며, 관계의 안정이나 결과물이 필요할 때는 펜타클을 사용해야 한다. 하지만 우리는 이 원소를 자유자재로 적재적소에 쓸 수가 없다. 우리 안에 이것을 쓸 수 있는 태초의 능력이 있는데도 불구하고 우리는 이것을 조화롭게 사용하지 못하고 있다. 네 가지 원소를 통합적으로 쓰기에는 지금의 세상이 너무 바쁘고 복잡하다. 그리하여 현대사회로 오면서 검의 요소나 펜타클의 요소가 필요이상으로 요구되고 있다.

마법사의 허리엔 뱀이 허리띠처럼 묶여있다. 뱀은 묘하게 인간의 무의식을 자극한다. 징그러우면서도 어쩐 일인지 그 움직임에 따라 내 안에서 무언가가 스멀스멀 올라오는 것을 경험하게 한다. 온몸으로 땅을 기어 다니는 유연함은 여성성을, 그 생김은 남근을 상징한다.

나는 불과 십년 전까지만 해도 뱀을 사진으로든 영상으로든 모형으로든 볼 수가 없었다. 뱀은 나를 잡아먹을 것 같은 공포의 대상이었다. 그 공포는 어린 시절의 내 경험과 관계가 깊다.

이사를 하던 날이었다, 날은 제법 쌀쌀했고 큰 집으로 이사를 하느라 부모님은 정신이 하나도 없으셨다. 지금은 이삿짐센터로 계좌이체를 하고 나면 모든 게 끝이 나지만 그때만 해도 리어카로 짐을 나르는 것이 일반적인 이사풍경이었다. 이사를 간 곳은 감나무 세 그루가 있는 마당이 넓은 집이었다. 그날 그 집을 떠올리면 이상하게도 내 주변에 한사람도 없이 허허벌판에 홀로 뱀과 맞닥뜨려 있다는 느낌을 받곤 한다. 나는 감나무 옆에 놓인 옷장을 열었고 문을 연 순간 바로 그 자리에서 얼음땡이 되어버렸다. 내 키만한 구렁이가 병속에 들어있었다. 아버지가 담아놓으신 뱀술이었다. 그날 이후로 나는 뱀이란 이름만 들어도 그 공포로 얼어붙곤 했다. 트라우마였다. 심리학을 공부하며 내 안에 숨어서 나를 조종하는 무의식의 심연에 낚싯대를 던지면서 나는 알게 되었다. 뱀은 내 신체적 감각을 부정해야했던 남근선망*이었던 것이다.

뱀은 운명처럼 느닷없이 나타나며, 복수보다 더 생각이 깊고, 운명보다 더 알기 어려운 무의식의 뿌리를 상징한다. 발도 날개도 없이 스르륵 스미듯 인간의 영혼으로 침투한다. 뱀은 인간의 무의식을 흔들기에 딱 좋은 동물이다. 뱀이 가진 이중의 속성이 뱀의 형상에 그대로 녹아있다. 마법 같은 인생에서 무의식의 경계로 뱀의 허리띠만큼 적절한 게 또 있을까!

　탁자위에 놓인 네 가지 원소는 세상을 이루는 근원이기 때문에 이 것으로부터 자유로운 사람은 없다. 사람에 따라서 선호하는 원소가 다르지만 이 네 가지 원소 중에 그 어느 하나라도 없으면 살아갈 수 없다. 물질적 풍요를 이뤘다고 해도 물질만 가지고 살 수는 없다. 물론 감정만 가지고 살 수도 없다. 죽어라 일만하며 살 수도 없다. 열심히 판단하고 생각을 깊게 하는 것만으로 살 수도 없다. 내 안에 있는 4원소를 조화롭게 사용할 때 내 인생이 환희의 마술을 부리는 것이다.

♣ 키워드
잠재력, 가능성, 내 안에 다 있어, 천상천하유아독존, 스스로 해결할 수 있는 힘, 삶의 신비, 기술, 외교적 수완, 솜씨, 의지, 과욕으로 인한 손실, 육체적인 고통, 창조, 아이디어, 자기확신, 신속함, 지성, 새로운 결단, 집중, 성공, 창조적인 노력, 통합적 인간형의 추구

상담 Tip.

마법사 카드는 한마디로 '자기 안에 있는 자원을 활용하라' 이다. 하나만을 고집하여 늘 해오던 것들을 하는 것이 아니라 네 가지 원소 중 쓰임이 미진했던 원소에 관심을 가지라는 뜻이다. 그리하여 잠재된 자신의 가능성을 오만하리만큼 스스로 믿으라고 말하는 카드이다. 생은 기적이다. 그 기적은 일상에서 반복적으로 일어나고 있다. 이 카드를 믿어보라.

우리에게 물의 원소가 필요한 상황에서는 기꺼이 공감하고, 사고가 필요할 때에는 기꺼이 비판하고 판단하고 개념화해야 할 것이다. 지금이 활동의 시기라면 열심히 힘차게 움직여야할 것이며 가시적인 결과를 원할 시기라면 마땅히 그것을 수확해야할 것이다. 이렇듯 이 4원소를 두루 잘 쓸 수 있을 때 우리는 하늘과 땅을 아우르며 신명나는 생을 살 수 있게 되는 것이다.

지혜롭기 위해 피 같은 밤을 책과 지냈어

사원 입구, 검은색 기둥 B와 흰색 기둥 J 사이에 **고위 여사제**가 앉아있다. 그녀의 등 뒤로는 석류커튼이 드리워져 그녀의 무의식의 바다를 가리고 있다. 그녀에게서는 차가운 열정이 전해진다. 지혜로움과 냉정한 기운이 느껴진다.

우리들 내면에서 수없이 일어나는 생각의 갈등을 푸는 것은 인내와 학습이다. 나를 인도하는 것은 내 안에 있는 양극성의 무한한 충돌이며 그 충돌이 우리를 영적인 길로 이끈다.

고위 여사제 카드는 말한다.

"앎의 크기가 내 존재의 크기를 결정한다."

고위 여사제는 빛나는 지성을 가진 여성이다. 여성으로서 최고의 자리까지 올라간 여사제는 많은 시간을 수행으로 보냈으리라. 자신의 여성성을 철저하게 배제한 채 눈뜨자마자 독서와 명상으로 혹독하게 수행하는 여성이다. 파란색과 하얀색의 대비는 그녀의 지성미를 드러내는 듯하다. B와 J가 쓰인 양쪽 기둥이 여사제의 여성성을 간신히 버텨주는 듯하다. 석류커튼으로 무의식의 심연을 가려보려했으나, 여사제는 여전히 여성의 상징인 생리에서 자유로울 수 없다.

당신이 아무리 고고하게 다리를 꼬고 앉아있어도 당신은 한 달에 한 번 생리를 하는 여성이라는 것을 그것도 가임기간의 여성이라는 것을 여사제 옷자락에 걸린 초승달이 말해주고 있다. 그럴 때마다 여사제가 자신을 다스리는 것은 토라(Tora)라는 경전이다. 여사제는 토라를 읽으며 자기 성의 정체성을 뛰어넘으려 무수히 노력했을 것이다.

여자는 인생에서 세 단계를 통과한다고 한다. 여성을 종종 달로 비유하듯이 상현달, 보름달, 하현달에 해당하는 유아기, 성숙기(가임기간), 갱년기 이후의 삶이 있다.

서구문화에서는 여성을 성적 본능과 모성애로 나눠 인위적으로 구분하기를 좋아한다. 남성도 여성도 아니었던 바보는 한 강력한 인물인 남성적인 마법사(1번 마법사 카드)로부터 지극히 여성적인 여황제(3번 여황제 카드)에게 가는 도중에 이 침묵의 여인(2번 고위 여사제)을 만나게 된다.

이 인물은 직관과 침묵을 동시에 상징한다. 이 여인은 조용히 앉아서 표현할 수 없는 숨은 신비를 지키는 존재이다. 고위 여사제는 무성(無性)의 여인이 아니다. 이 여인은 영혼의 어머니로 대변되며 탈속한 처녀라는 특수한 여성적 원형을 대표하고 있다. 침묵과 칩거의 긴요함을 표현해주고 있으며, 빠른 해답을 찾기보다는 자신의 내면을 들여다보라고 말해준다. 철저하게 자기 내면의 고요함에 빨대를 꽂을 때, 스스로에게 그 시간을 할애할 때, 우리는 심연의 신비로운 세계에서 그녀를 맞이할 수 있다.

메이저 카드 속에서 기둥은 고위 여사제 카드, 교황 카드, 정의 카드에서 등장한다. 이 기둥들은 고대의 이미지에서 유래한 것으로 특히 예루살렘의 솔로몬 사원 입구에 있던 두 기둥에 원형을 두고 있다. 이 기둥의 상징은 이중성을 상징하며, 빛과 어둠, 남성과 여성, 움직임과 고요함 등 근본적인 존재의 쌍들을 의미한다.

인간의 건축물과 인공물은 경험의 국면들을 상징한다. 집은 자아를 의미하며 여러 방은 우리의 삶의 다양한 부분을 나타낸다. 집이 성으로 확대될 경우에는 안전과 부를 나타낼 수 있는 한편 재산과 책임에 묶인 인물을 나타내기도 한다.

커튼이나 베일은 우리가 경험하고 있는 창조의 비밀로부터의 분리를 상징한다. 이 베일 너머 인생의 불가사의를 알아내는 것이 우리들 비의(秘意)적 작업의 목표이다.

집단에서 2번 고위 여사제 카드와 3번 여황제 카드를 대비해서 나누는 경우가 많다. 지적인 여성과 섹시한 여성을 두고서 '당신은 어느 부류에 속하는가?' 묻거나 이 '두 카드의 여성 중 어느 여성이 되고 싶은가?'를 물으면 정확하게 5대 5로 나온다. 섹시한 여성은 지적인 여성을, 지적인 여성은 섹시하고도 편안한 여성이 되고 싶다고 한다. 누구나 자기에게 없는 것을 보충하고 싶어 하는 것이다.

♣ **키워드**

이분법, 영적 어머니, 지혜로움, 현명함, 지적인, B사감과 러브레터, 자기 안의 무의식을 찾아 가는 길, 처녀, 여신, 달의 딸, 여성의식의 원형, 직관, 영감, 지혜, 수동적, 수용적, 꿈, 심령적인 힘, 남성의 삶에선 신비한 여성, 카리스마 넘치는 요부, 여성의 삶에선 직관을 의미

상담 Tip.

많은 사람들이 메이저 2번 카드를 읽기 어렵다고 한다. 이 카드가 갖고 있는 이중적 의미를 잘 파악하고 가야한다. 이 카드는 타로카드가 갖고 있는 이분법적 요소를 극명하게 표현해주고 있다. 고위 여사제의 앞면에 보여지는 이미지는 현명함과 지혜로움이지만 카드의 뒷면이 나타내는 것은 알 수 없음이다. 이 알 수 없음은 무한하며 여자로서의 억압된 여성성 내지 모성성일 수 있다.

여사제 뒤를 이루고 있는 바다는 무의식의 저장고이자 여사제의 심리적 자원임을 잊지 말기를 바라며 무엇을 주제로 뽑든 이 카드가 나왔다는 것은 당신의 내면에 숨어있는 욕망을 잘 감지하라는 뜻이다. 현재 당신이 고통에 처해있다면 오랫동안 당신이 내면에 축적해온 방어의 역사를 인정하고 받아들이라는 코멘트를 해줄 수 있다.

사람들은 죄를 짓기도 하지만 죄를 버리기도 한다. 학교에 있으면 집에 가고 싶고 집에 있으면 학교에 가고 싶다. 소풍을 갈 날을 기다리는 꼬마는 밤이 길지만 사랑하는 연인이랑 같이 보내는 밤은 더없이 짧다. 그렇다. 우리의 인생은 이렇듯 분명한 이중성을 갖고 있다. 아침이면 저녁을 기다리고 저녁이 오면 아침을 기다리듯이 말이다.

어머니, 당신의 품에서 살고 싶어요

친밀감은 무조건적일 때, 존재 그자체로 수용이 될 때, 거기서 발현되는 꽃이다.

친밀감은 인간이라는 옷을 입고 사는 우리가 끝내 소망하는 느낌일 것이다. 인간이 인간일 수 있게 하며 그것을 기반으로 우리는 일하고 돌아오고 도전하고 후퇴하고 그리고 다시 새로운 것들을 창조해낼 수 있다. 친밀감이 기반되지 않는다면 사람은 짐승이 되거나 물건이 되는 위험 속에서 살아갈 수밖에 없다

그녀는 천상의 여인이 아니다. 그녀는 어린양들의 피난처이며 무수한 것들의 풍작을 가져오는 비옥한 어머니, 데메테르다. 그녀는 욕망과 그것의 날개들, 태양의 옷을 걸친 여인, 이 세상의 영광, 지성의 장소의 비밀영역이라 할 수 있다. 그녀는 은밀하지만 그 은밀함은 생산적이다. 그녀의 손에 닿은 것들은 곧 비옥한 물결로 따뜻하고도 친밀한

사랑으로 피어난다.

여황제의 카드는 남성성과 여성성을 녹여내어 물질의 자연을 있는 그대로 선명하게 보여주는 카드이다. 여성의 뜨거운 애정, 아름다움, 풍요로움, 비옥함, 양육의 힘, 출산의 위대함 등을 나타낸다.

이 인물은 위대한 어머니이며 여황제이며 여신이다. 여성적 함의와 헌신을 구현하는 존재이다. 이 여인은 따뜻함과 열정으로 풍요와 번영을 약속한다.

이 여인은 실질적인 생물학적인 어머니를 상징한다. 나에게 젖을 주고 나를 안아주고 아버지와 관계를 갖는 그런 뜨거운 여인이다. 그리하여 이 카드는 임신과 출산, 그리고 양육을 상징하기도 한다.

세상에서 가장 위대한 사람을 뽑으라면 아마도 어머니가 아닐까? 그게 남자든 여자든 말이다. 내게 젖을 주고 나를 쓰다듬어주고 내가 웃을 때 같이 웃고 내가 울 때는 나를 달래주는 어머니. 우리는 어머니를 통해 세상과의 안전성과 친밀감을 배운다. 어머니와 나누는 친밀감을 맛보았기에 우리는 세상이 평화롭고 안전하며 한번쯤 도전해볼만한 것이라 생각하며 몸풀기를 할 수 있다. 풍요롭고 안전하기에 우리는 밖으로 나가서 모험을 즐길 수 있다. 새로운 일을, 다른 대상을 찾아보는 것이다. 포근하게 달게 잔 잠에서 깨어나 이제는 일하러 갈 시간이다.

♣ 키워드

생물학적 어머니, 나의 연인, 임신, 출산, 양육, 생산, come to me, 물질과 관능의 어머니, 현실적인 연인, 결실이 많음, 유익함, 비밀히 행해지는, 남몰래 한 사랑, 위대한 어머니 여신, 세상의 질서, 땅의 풍요, 다산, 실용성, 행운, 성공, 감정적 사랑, 열린 마음, 품어주는 상담자, 따뜻함, 우호적, 모성적 특성

상담 Tip.

나에게 오렴. Come to me.

당신에게서는 당신만의 향기가 난다.

간단하게 축약하자면 이 카드는 임신, 출산, 양육이라는 세 개의 키워드로 요약될 수 있다. 이 카드는 생산성과 물질적 풍요로움은 물론이고 정서적 안정감을 주는 카드이다. 여유로움이 전제되어 있는 이 카드는 형식적인 관계에서 오는, 지금의 유행어처럼 '썸' 타는 사이가 아닌 확실한 관계이다. 이 확실한 관계라는 것은 둘 사이에 맺어지는 관계이며 사실혼관계랄지 엄마와 자식이랄지 밀착된 부부랄지 내연의 관계일 수도 있다.

그러나 또 다른 관계카드인 6번 연인 카드와 다소 차이가 있다. 연인 카드가 사랑의 다사다난한 감정을 전제하면서 삼각관계를 유발하기도 한다면 여황제 카드는 엄마처럼 품어주는 에너지가 있는 카드이다. 이 카드가 당신에게 선택되었다면 당신에겐 지금 물질적으로나 정서적으로나 안정된 기운이 있다. 가임여성의 경우에는 임신할 수 있는 시기임을 나타내기도 한다.

황제 카드는 나이 많고 연륜이 있는 남성을 상징한다. 아버지를 생각해 볼 수 있는 카드이며, 권위에 대해 생각해 볼 수 있는 카드이다. 아버지는 세상을 살아가는 멋진 사회성 기술을 가르쳐 준 최초의 스승이다. 질서의 상징이며, 질서를 구축하고자하는 지배자, 사회성의 교육자이며 근대화의 주역이다.

아버지에게서 우리가 배우는 것은 사회화이다. 아버지로부터 우리는 사회의 규칙, 자연의 법칙, 합리적으로 생각하고 원대한 목표를 위한 계획을 세우는 능력 등을 배운다. 이를 터득하지 못하면 성장할 수 없다.

그러므로 아버지를 만나기 위해서는 초기 애착이 무엇보다도 필요하다. 안전기지 없이, 곧 스스로 환영받은 자(0번 바보 카드)로 자신의 무한한 가능성(1번 마법사 카드)에 대한 확신과, 자기 내면에 있는 현명한 어머니(2번 고위 여사제 카드)와 생물학적 어머니(3번 여황제 카드)와의 만남 없이 바로 아버지를 만나기는 힘들다. 존재론적 사랑이 전제되어야 우리는 무언가를 할 수 있는, 해내고 싶은, doing의 사랑으로 갈 수 있다.

당신에게 아버지는 어떤 의미인가?

나에게 아버지는 참 먼 사람이었다. 내가 중학교를 입학하던 해에 아버지가 회갑잔치를 하셨으니 나는 늦둥이도 한참 늦둥이였다. 어릴 때 아버지는 나를 귀여워하셨던 것으로 기억된다. 어렸을 때 깊은 산속으로 아버지와 어머니와 함께 나무를 하러갔던 기억이 있다. 초가을 무렵이었으며, 뭉게뭉게 흘러가는 구름이 숲 사이로 보였으며, 형형색색의 단풍이 마치 말을 거는 듯했다. 몽환적 느낌의 장면이다. 아버지가 끌던 리어카 안에서 스치며 지나가는 가을 풍경들을 보며 나는 상상의 나래를 폈다.

내 기억 속에서 가장 멋지고도 젊은 아버지는 그 장면 속에 있는 아버지이다. 젊었고 힘이 넘쳤으며 그리고 책임을 다하는 아버지였다. 아버지와 책임은 뗄 수 없는 불가분의 관계일 것이다. 하지만 아버지는 바쁘고 멀고 무언가를 지시하는 에너지가 있다. 따라서 이 카드엔 무언가를 하도록 무언의 압력을 준다는 의미도 내포되어 있다.

♣ **키워드**

안정감, 아버지, 힘, 권위, 형식주의, 아버지의 눈물, 야망, 삶의 질서, 권위적인 인물, 촉진자, 남을 도움, 상사, 아버지, 정부, 경찰, 판사, 일반적인 사회, 논리적, 이성적, 좌뇌적 사고, 견고함, 기초, 의지의 힘, 불굴의 힘, 성공적인 일의 수행. 가부장제, 권위주의, 힘을 가진 자의 책임감, 자수성가, 그 위치에서의 성실함, 이성계(위화도회군)

상담 Tip.

권좌에 앉은 황제의 눈동자는 심히 불편하다. 그는 왕국을 건설했음에도 불구하고 군화를 벗을 수 없다. 스스로 이룩한 권좌이기에 언젠가는 누군가가 자신처럼 이 권좌를 탈취할 것이라 생각하므로 그는 불안하다. 이 모든 걸 지켜내야 하며 자기감정 따위는 감추어야한다고 생각한다. 그러나 어쩌랴. 그의 야망에는 여전히 열정이 있으며 그의 야망에는 여전한 책임감이 있으며 그의 야망에는 가족에겐 보이고 싶지 않은 사랑이 있다. 우리들의 낡은 사진첩 속의 아버지들처럼 말이다. 평생을 가족을 위해 살며 밤늦게까지 일하고 들어오는 우리들의 아버지.

아버지 보기를 불편해하는 사람들이 종종 있다. 아버지와의 불화나 권위에 대한 불협화음이 있는 사람들에게 이 카드는 부정적인 에너지로 전달될 수 있다. 아버지는 좀체 눈물을 보이지 않는다. 우리가 그 눈물을 만날 때, 보이는 것이 다가 아니며 권력 안에 있는 외로움과 불안을 감지할 수 있다.

우리 모두에게 있는 소속감과 힘의 욕구는 상충되면서도 서로를 욕망하는 줄다리기이다. 그 줄다리기에서 당신은 어느 편에서 지금 그 줄을 잡아당기고 있는가?

종교는 사람이 몸만이 아닌 영혼의 생명체라는 것을 잘 보여주는 삶의 한 양식이다. 날것의 느낌을 익혀서 먹을 수 있게 해준 크고 오래된 집단의식이다. 한솥밥을 먹을 자, 영혼에 굶주린 자들의 동거체, 몸의 한계를 뛰어넘어 생명의 유한성을 무한성으로 확대하고픈 욕망이 마련한 시스템이다.

사제 중의 사제인 **교황**은 교육을 상징하며 인류가 물려받은 종교적 가르침을 구현하는 존재이다. 같은 모양의 기둥 사이에 교황이 앉아있다. 오른손 손가락 중 검지와 중지가 위로 향해있고 그의 왼손은 삼위일체를 상징하는 십자가를 들고 있다. 그의 앞에는 머리 가운데 부분이 훵한 두 사람이 있다. 그들은 교황을 찾아와 무언가에 대해 조언을 얻고자 한다. 수행 중에 만난 고민들을 교황께 말하며 그의 조언을 구하고자 하는 것이다.

교황은 이렇게 말한다.

"잠깐만, 내가 하느님의 음성을 들어보고 너희들에게 알려줄 테니 기다리거라."

그러할 때 그의 음성은 곧 하느님의 음성이요, 그의 주장이 곧 절대진리다. 그는 우리들 영혼의 집이요 진리요 생명인 것이다. 그만큼 그의 힘은 막강하다. 그는 절대와 객관이란 옷을 입고 있다.

그러나 과연 객관이 가능할까? 혹시 당신은 객관이라는 이름으로 당신의 주관을 맘껏 휘두르고 있는 건 아닌지 고민해야 한다. 신은 절대적이지 객관적이지는 않다.

카드를 자세히 들여다보면 교황과 두 사제 가운데에 열쇠가 놓여 있다. 이 열쇠는 삶의 비밀을 풀어내는 열쇠이다. 만약 교황이 정말로 신의 음성, 신의 권력을 대리한다면 이 열쇠는 그의 손에 들려져 있어야 맞을 것이다. 하지만 열쇠는 누구나 볼 수 있는 곳에 그것도 중앙에 놓여있다. 특별한 사람만이 삶의 비밀을 찾아가는 건 아니라는 의미다. 우리는 누구나 스스로 우리 삶의 비밀을 찾아가야하는 여정에 놓여 있다. 열쇠를 찾고자하는 사람들에게 삶은 늘 열려있다는 것이다.

♣ 키워드

종교, 객관, 절대, 사회의 아버지 가족, NGO단체 및 기구, 전통, 의식, 관습적인 절차, 높은 교육, 조직화된 사회, 상담가, 목사, 교사, 보수적인 충고나 지도, 카운슬러 마인드, ~에 억류, 억압, 감금, 자비와 선함

상담 Tip.

교황 카드는 가장 종교적인 카드이다. 종교적 사상과 종교의 외적 차원을 두루 상징하며 교리, 제도, 도덕규약을 의미한다. 종교적인 정통성과 순응주의를 상징할 수도 있으나 반드시 조직화된 종교성만을 의미하는 것은 아니다. 결혼과 관련해서 이 카드는 결혼에 얽힌 감정보다는 결혼과 관련된 법이나, 규칙, 사회적 기대치 등의 제도를 의미한다.

2번 고위 여사제 카드에 이어 이 교황 카드 역시 읽기가 힘들다는 피드백을 많이 받는다. 4번의 황제가 생물학적 아버지가 지닌 힘을 가리킨다면 5번 교황은 사회화된 아버지의 모습을 상징한다고 볼 수 있다. 이 카드는 교류분석(Transactional Analysis, TA)*에서 이야기하는 어른자아가 충만한 카드이다. 이 카드는 절대적이고 절대권력적인 것을 교묘하게 잘 포장하는 재주가 있다는 것을 드러내기도 한다. 이 카드는 교사나 상담자 등 자문을 해주는 사람을 나타내는 경우가 많으며 그럴 때 당신은 설교가 아닌 진정한 대화를 할 수 있어야 한다.

당신 안에 숨어있는 감정에 컨택하라. 객관이란 옷을 벗고 당신의 감정이 어느 곳을 바라보고자 하는지, 어떻게 흐르고 있는지를 만나라.

이 세상은 육체의 천국이다. 이 세상을 지배하는 건 에로스다. 에덴동산에서 아담과 이브는 실오라기 하나 걸치지 않은 원초적인 존재로 살며 사랑을 한다. 아담과의 사랑이 권태로웠을까? 이브는 뱀의 유혹에 흔들리며 다른 세계를 궁금해 한다.

남자가 눈앞에 있는 바로 그 하나의 일에 집중을 한다면 여자는 여러가지로 생각이 많다. 생각이 많다는 것은 다른 것을 함께 생각한다는 것이며 그것은 늘 상대방을 불편하게 하거나 안타깝게 하는 밀고 당기기를 만들어낸다.

여기서 여자와 남자는 생물학적인 남자와 여자로 국한하기보다는 대립되는 두 극으로 보는 게 옳다. 하나에 집중하는 것과 여러 개에 집중하는 것, 오직 한 상대에 집중하는 에너지와 다양한 사람들과 교류하고픈 에너지, 이러한 대립물로서의 두 극으로 봐야한다.

남자 뒤로는 12개의 열매를 매단 생명의 나무(The Tree of Life) 가 있다. 여자 뒤엔 뱀이 휘감고 있는 선악 지식의 나무(The Tree of the Knowledge of Good and Evil)가 있다. 카드 전면에 있는 남녀는 천박한 물질적 욕구에 오염되기 이전의 '젊음, 동정, 순결, 사랑'을 생각나게 한다.

의식차원의 카드의 핵심은 감히 말하건대, 사랑이다. 인간은 타인의 욕망을 욕망하는 존재다. 나를 바라보는 대상이 나를 사랑한다면 나는 다른 곳으로 눈을 돌리고 싶어진다. 누가 더 많이 사랑하느냐에 따라 사랑에서도 갑을관계가 생겨나버린다. 사랑을 더 차지하려고 더 오래 보유하려고 연인들이 수많은 밀고 당기기를 그치지 않는다.

연인 카드는 한마디로 딱 잘라 말하자면 '인간의 사랑'에 대한 카드이다. 연인 카드는 메이저 6번에 해당하는데 6은 남녀 간의 완전한 결합을 가리키는 숫자다. 하지만 인간의 사랑이라는 것은 미성숙하여 늘 다른 곳을 보거나 삼각관계 속에서 갈등하곤 한다. 이것이 인간인 우리들 사랑의 본질이라고 연인 카드는 말하고 있다.

무조건적인 부모의 사랑으로부터 독립한 우리는 부모 아닌 타인과 친밀한 관계를 맺을 때 적지 않은 어려움에 빠진다. 그 미숙함이 인간다움일 수도 있지만 신이 보시기에 우리 인간은 강가에 내놓은 아이처럼 보일 것이다. 그렇더라도 미숙하고 불완전할지라도 지금은 사랑을 나눌 시간이다. 즐거운 애정이 꽃피던 시절을 회복해야 할 때다.

모든 스트레스와 불만족은 결국 음과 양의 조화가 깨졌을 때 발생한다. 사랑은 그게 무엇이든 누구이든 간에, 옳든 그르든 간에, 나를 나로서 살게하는 심리적 자양분이기에 현실을 사는 모든 생명체들의 영원한 테마일 수밖에 없다.

모든 사람의 미션인 이 사랑은 그 자체로 생명을 만들어 낼 정도로 강력한 것이다. 사랑은 관계를 만들고 그 관계를 통해 무언가가 우리에게 줄줄이 온다. 그게 생명이든 좋은 느낌이든 잘살아야겠다는 각오든 말이다.

♣ 키워드

애착, 아름다움, 연인, 관계, 삼각관계, 애끓음, 사랑, '밀당', 연애 사건의 시작, 새로운 만남, 협력, 제휴, 만족스런 계약, 공동의 목표를 위해 일하는 힘의 연합, 감정의 자연스러움, 시련의 극복

상담 Tip.

우리 심장을 달구는 것은 사랑이다. 많은 연인들이 이 카드가 나오길 바란다. 사실 우리 모두의 소망은 자신의 이상형을 만나 사랑하며 사는 것이다.

우리는 성적 욕구를 통해 어느 곳보다 안전한 그곳, 내 마음의 고향인 부모의 틀을 깨고 나온다. 사랑의 다른 이름은 친밀감이다. 사랑이란 단어와 연관되어 욕정, 섹스라는 단어가 떠오르지만 이것은 친밀감과는 다른 말이다. 친밀감은 다른 사람들을 내 속으로 내 안으로 들어오게 하는 것이며 이를 허락하는 것이다. 내가 내 속을 보듯이 다른 사람들이 나를 보도록 허락하는 것이다. 나의 가장 깊숙한 내면으로 그를 그녀를 초대하려는 기꺼운 감정이다. 내 존재의 중심으로 누군가를 초대하여 기꺼이 그들과 나를 나누는 것이다.

이 카드는 삼각관계의 구도 아래서 자주 등장한다. 인간이 실존적으로 존재하는 가장 근원적인 모형은 삼각형이다. 삼각형은 아버지와 어머니와 아이가 서로 긴밀하게 관계되어 있다는 것을 보여준다. 이 삼각형 속에 있다는 것은 서로가 긴장관계 속에 있다는 것을 의미하며, 동시에 보완과 균형을 유지하는 것을 의미하기도 한다. 아이는 아버지와 대립해서 어머니와 친밀해지며, 어머니와 대립해서 아버지와 친밀해진다.

삼각형의 꼭대기에 해당하는 라파엘 천사로 상징되는 꼭짓점은 가족 내에서 모델을 형성하는 주축을 상징한다. 삼각형이라는 형태 속에 존재한다는 것은 현재의 나를 넘어서는 어떤 것을 '설계하기'이다. 이는 현실을 넘어서 누군가를 연모하고 추구하고 상상하고 도피하는 것으로의 설계일 수도 있다. 그게 사람이든 일이든 제3의 그 무엇이든 당신에게 주어진 그 일에 당신의 마음을 두라.

세상에 온 바보는 자신의 무한한 잠재능력을 만나고 영적 어머니, 생물학적 어머니와 만나며 생물학적 아버지와 사회적 아버지를 지나와 연인을 만나 가정을 꾸린다. 자신에게 필요한 배우자를 만나서 자신의 왕국을 건설한 황제(아버지)는 이제 이를 지키기 위해 혼신의 힘을 다한다.

그는 일하는 것이 좋으며 자신의 일을 확장시키는 것을 즐기고 있다. 그리하여 그의 관심은 오로지 밖으로 향해있다. 그는 아직 이루어야할 것들이 있으며 넓혀야할 것들이 많다. '통제력을 잃으면 안 돼.' 라고 그는 스스로에게 말한다. 뒤로 배수진을 치고 호시탐탐 앞을 노려보며 어떤 수수께끼들을 풀어야 할지 모르니 긴장을 늦추지 말자고 다짐한다.

의식차원의 마지막 카드인 **전차** 카드에서 의식은 절정을 이룬다. 전차는 강한 의지를 상징한다. 이 의지는 이를 악물고 매달리는 것과는 거리가 멀다. 이 의지는 한 가지의 목표를 향해 에너지를 집중함을 뜻한다. 일을 성공적으로 마무리하기 위해서는 활동만큼 중요한 것이 없음을 보여주는 카드이다.

　사랑을 지키기 위해 고군분투하는 그는 온갖 도전을 성공적으로 통과해온 인물이다. 일에서 성취감을 맛본 그는 그 어떤 실패가 오더라도 그 맛을 기억해낼 수 있다.

♣ 키워드

일, 책임감, 성실성, 사회적 가면, 할 수 있어, 야심, 결단력, 젊은 에너지, 힘과 재능, 성공을 향한 욕망, 잘하고 있어, 밀어붙이다, 여행, 이사, 능력을 입증, 목표에 집중, 책임감, 선견지명, 장래에 대한 배려, 조심성

상담 Tip.

'할 수 있어. 지금처럼 가면 되는 거야.'

전차카드는 감정보다는 활동에 에너지가 가있는 카드이다.

사회적 공간에서 개인은 페르소나를 써서 제 안의 감정을 숨기고 자기와는 다른 성격을 연출할 수가 있다. 페르소나는 개인이 그 본성을 숨긴 채 겉으로 보이도록 쓴 가면이다. 이 가면의 목적은 사회에 받아들여지기 위해 좋은 인상을 주는 것이다. 즉 인간 개인은 생존을 위해 이 가면이 필요하며, 특히 사회활동이 많은 가장(家長)은 서너 개 이상의 페르소나를 휴대할 수밖에 없다. 이 카드의 주인공은 자신의 감정을 드러내기보다는 자신이 소중하게 생각하거나 가치롭다고 여기는 것을 향해서 자신의 온 에너지를 투입하고 있다. 이 카드가 배열에 등장했다는 것은 당신이 책임감을 잘 수행할 수 있으며 가치가 있거나 당신이 이루고자 하는 것에 온 신경이 가있다는 것을 보여주는 것이다. 그러므로 당신 곁에 있는 사람이 답답할 수 있으며 외로울 수 있다. 그러니 당신 자신에게만이 아니라 주변 사람에게도 당신의 파이팅을 보여야 한다.

내 안에 사자있어

힘 카드는 무의식차원의 첫 번째 카드이다. 바보는 전차의 외적인 성공을 뒤로하고 자기발견을 향한 내면으로 관심을 돌리기 위해 힘이 필요하다.

우리는 누구나 힘을 갖기를 욕망한다. 밖에서든 안에서든 내 마음껏 휘두를 수 있는 그 힘을 갖기 위해서 우리는 사랑하고 공부하고 다독이고 분노하고 찌르고 도망간다.

여기 여인이 있다. 여인은 맹수인 사자를 부드럽게 어루만지고 있다.

당신 안에 있는 사자와 당신은 얼마만큼 친한가?

오늘 당신은 몇 마리의 사자를 만났는가?

내 안에 내가 다루기 힘든 그 무엇이 있다. 그것이 욕망이든, 분노든, 유년기의 상처든 그것을 내가 내 아이처럼 다룰 수 있을 때 내 안에 진정한 힘이 자라난 것이다.

우리들 내부에 있는 동물적 존재(다른 의미로는 내부의 본성)를 고양이처럼 애완견처럼 다루지 못하고 그대로 밖으로 꺼내어 놓는다면 우리는 매우 위험한 상황에 처할 수밖에 없다. 즉 자신의 내면에서 이끌리는 사자의 본능을 자신의 삶속에서 통합해내지 않으면 자기 스스로를 할퀴고 세상을 향해 포효하는 성난 짐승으로 자신을 파멸시킬 수 있다.

사자를 애완견처럼 다룬다는 것은 단순히 본능을 억제하고 억압한다는 의미가 아니다. 억압당한 본능은 결국 튕겨져 나오기 마련이다.

우리에 갇힌 사자는 늘 철창 밖을 노릴 수밖에 없다. 사자를 굶기거나 사자를 억압하거나 사자를 무시하거나 사자를 너무 사랑하거나 하는 것 모두 결국 사자로 하여금 여신을 잡아먹도록 부추기는 비극을 낳는다. 자기 안의 사자를 유유히 평화롭게 다스릴 수 있는 자, 그 자가 곧 외유내강을 실현한 자이다.

♣ 키워드
외유내강, 본능, 공격성, 다스림, 억눌림, 진땀나는 상황, 자기 통제, 자신의 능력에 대한 신뢰, 지혜, 믿음, 내적인 힘, 장애물 극복, 힘이 있는 위치, 끈기, 인내, 용기

상담 Tip.

사자는 고결한 성품을 나타내는 한편 열정을 상징하기도 한다. 8번 힘 카드는 부드러운 이미지로 다가온다. 사자가 지닌 용맹함과 왕다운 왕을 먼저 보기에 이 카드가 선택되었을 때 내담자들은 그리 기분나빠하지 않는다. 이 카드는 무의식의 시작카드이다. 융(Carl Gustav Jung)이 말했듯, 무의식을 의식화하지 않으면, 무의식이 우리 삶의 방향을 결정하게 되는데, 우리는 바로 이런 것을 두고 운명이라고 부른다.

자신의 마음을 들여다보지 않으면 사자는 나를 넘어서 타인들 속으로 상황 속으로 뛰어 들어가 난동을 부릴 수도 있다. 지금 이 카드가 당신의 손안에 있다면 당신이 사자로 보이는지 여인으로 보이는지를 먼저 컨택해 보길 바란다. 만약에 여인으로 보인다면 당신은 지금 통제의 미학을 발휘하고 있을 수 있다. 만약 당신이 사자로 보인다면 누군가가 당신의 그 무엇을 부드럽게 다스려주기를 희망하고 있을 수 있다.

밖으로 향하는 에너지를 자신의 내부로 옮겨와 자기 안의 사자를 길들이는 것부터 시작하자. 내 안에 있는 사자를 다스릴 수 있다면 겁낼 것이 없다.

고독을 즐기는 자, 제 안에서 답을 찾는다

남자들은 동굴을 선호한다. 힘든 경쟁의 들판에서 지친 상태로 돌아와 고요히 내면을 바라보는 일은 일상에서 빠뜨릴 수 없는 중요한 행위이다.

은둔자는 MBTI 성격 유형검사*로 보자면 에너지의 방향이 외향보다는 내향으로 흐르고 있다는 뜻이다.

홀로 고요히 있으면서 자신의 에너지를 충전하는 당신은 직관이 강하며 혼자 놀기에 달인이므로 타인에게 향하는 관심보다 자신의 내면에 더 관심을 가지는 사람이다. 조용하고 근원적이며 철학적인 사색을 즐기는 사람이라 볼 수 있다.

은둔자는 세상을 등지고 홀로 깨어있기를 바라는 사람이다. 은둔자가 들고 있는 등은 그가 가야할 방향을 가리키며 그의 왼손이 짚고 있는 지팡이는 그가 가고자하는 방향으로 가는 데 있어 실제적인 도움을 주는 매체일 수 있다.

우리가 궁극적으로 가야하는 곳은 깨달음의 산이다. 그 산 정상에 이르렀을 때 우리는 비로소 타인을 생각할 수 있다. 진정한 고독을 경험할 때 우리는 타인과의 연결감을 형성할 수 있으며 이러한 자신을 만난 자만이 결국 세상에 빛과 소금이 되는 것이다.

삶은 눈 덮인 산위에 홀로 서있는 것이다. 그렇게 서있는 시간이 긴 사람일수록 그만큼의 고독을 만나 그만큼 깊어지는 것이다. 인간이 즐길 수 있는 것들 중에 고독이 있다는 것을 우리는 잊을 때가 많다. 고독은 혼자 즐기는 평화로움이지만 외로움은 혼자 있는 괴로움이다. 이 깨달음을 얻은 은둔자는 다른 이들에게 이 복음을 전하러 돌아온다. 다른 이들을 돕고자 이 놀라운 깨침을 설파한다.

은둔자 카드는 자기를 철저히 만나는 카드이면서 동시에 자신의 경험을 토대로 유사한 경험 속에서 고통 받고 있는 사람들을 돕는 안내자이거나 선생님이거나 위대한 스승을 나타낼 수 있다. 그러므로 이 카드는 이제 고민을 끝내고, 칩거를 끝내고, 실제적인 시작을 향해 산을 내려가는 카드라고 말할 수 있다.

♣ 키워드

고독, 실존, 현자, 내향성, 자기 탐색, 나에 대한 궁금증, 최민수 카드, 고독하고 독립적, 형이상학, 교육, 연구, 지도, 교육, 조언자, 충고, 안내자, 물질에 관심 없음, 단독적인 일, 진리 탐구, 깨우치게 하는 능력, 배우는 사람, 영성 추구

상담 Tip.

9번 은둔자는 실존적 물음에 답하기, 자기 탐구, 자기 오리엔테이션 등의 말들이 생각나는 현자(賢者) 카드이다. 깨달은 자, 세상에 속해 있지 않으면 그 깨달음에 향기가 없다.

자신 안에 분노가 없는 사람은 없다. 스스로를 통제하려고 하거나 타인을 통제하려고 하는 기저에는 불안이라는 감정이 공통적으로 도사리고 있음을 알게 하는 카드이다.

철저하게 자신을 만나라. 고독과 마주하여 스스로를 천천히 들여다보라. 지금은 타인고의 교분보다는 자신과 친해지는 시기이다. 자신의 숨은 그림자를 만나는 시간이다. 내면의 풍경을 감상하라. 당신이 하고자하는 일이나 괴로움을 푸는 열쇠는 이미 당신 안에 놓여있다. 자신의 내부를 잘 들여다보라는 메시지에 귀를 기울이자.

내 운명의 책자에 쓰인 사주팔자를 바꾸려면 나는 우선 공부해야한다. 한 원소에 치우친 에너지를 골고루 각 영역에서 발달시켜야 우리는 어느 길목에서 뛰어나와 우리들 발목을 잡는 아누비스*를 물리칠 수 있다.

운명의 수레바퀴를 막아서는 것은 도처에 있다. 차라리 외부에 있는 것이라면 찾기가 쉽다. 자기 내면 깊숙이, 무의식의 심연에 잠겨있는 아누비스라면 찾기가 훨씬 어렵다.

게다가 아누비스는 사랑이라는 이름하고 딱 붙어 있기도 하고, '~할까봐'로 딱 붙어있기도 하고, '너를 생각해서 그래'라는 인정의 욕구와도 딱 붙어있어서 나를 가장 사랑한다고 하는 사람들이 아누비스로 등장하는 경우가 많다. 즉 가족이 아누비스일 때가 많다는 것이다.

타로상담을 하다보면 종종 이런 경우를 보게 된다. 죽어라고 엄마를 미워하면서도 엄마가 부르면 바로 달려가 자신을 다 내던져 엄마에게 인정받기 위해서 죽어라 애쓰는 사람들이 있다. 자신 스스로의 욕구에는 둔감하면서, 그 욕구를 읽을 틈조차 주지 않으면서, 아누비스에게는 정성으로 시간과 노력과 물질을 나눈다. 정작 자신의 성장에는 눈을 두지 않으면서, 스스로를 무시하면서, 남들이 나를 무시한다고 생각한다.

또한 내 자신의 감정보다 남자친구의 외로움에 더 마음이 가있는 사람들도 있다. 내가 해야 할 일보다 그의 일을 우선하는 사람들이 있다. 특히 애니어그램(Enneagram)* 2번 유형이나 교류분석*에서 말하는 순응적 어린이 자아인 경우가 그렇다.

그러나 이 카드가 성격카드로 나왔다면 긍정적으로 받아들여도 좋다. 당신은 변화에 민감한 사람이다. 당신은 자신을 가꾸는 일에 게으르지 않은 사람이다. 당신은 보다 나은 단계로 가기 위해서, 자신의 운명에 굴복하지 않기 위해서 각 분야에서 자신이 할 수 있는 최선의 노력을 다하는 사람이다.

그러나 아이들의 경우에는 산만하게 비춰질 수 있다. 이 성격카드를 가진 아이들은 세상의 자극에 민감하며 자기 느낌에 정직한 아이들이다. 호기심이 많아 다양한 것을 접해보고 아니면 바로 던져버리는 성격이므로 한 우물을 파라고 가르치는 우리사회 풍토에서는 이 성격을 가진 아이는 끈기가 부족한 아이, 산만한 아이로 보일 수 있다. 그러나 이 아이는 자기 운명의 변화를 이끌어낼 것들 중 하나를 해보고 그것이 자기와 맞지 않아 과감히 그것을 던져버린 것이다. 자기 경험의 영역을 확장한 것이다. 무엇보다 그 경험으로 인해 그것이 자신과 맞지 않다는 것을 알게 된 수확이 있다. 이 점이 굉장히 중요하다는 것을 아이가 생각할 수 있게 해야 한다.

♣ 키워드
운명, 변화, 심리적 대물림, 윤회, 돌고 도는 삶, 행운, 삶의 전환점, 문제의 정점, 상승의 운, 새로운 직업, 자신의 행동에 책임을 짐, 운명은 진화의 산물

상담 Tip.

10번 운명의 수레바퀴 카드는 삶의 변화시점에서 자주 나오는 카드이다. 자신의 운명에 주목하고 자신이 살아가고자하는 것을 알아차렸을 때 주로 나오는 카드이다. 하지만 역습도 있다. 전혀 자신에게 일어나는 변화의 바람을 읽어내지 못하고 누군가에게 잡혀서 자신에게 일어나는 것들을 외면하고 있을 때도 이 카드가 나온다. 변화하는 삶이 보내는 메시지의 의미를 파악하고 민감하게 반응해야 한다.

운명은 우리들의 숙제이자 궁금증이다. 우리는 우리의 운명이 궁금하다. 운명이라는 말처럼 우리를 옴짝달싹 못하게 하는 말이 또 있을까.

나에게 주어진 내 운명을 찾아서 우리는 길을 떠나야한다. 그것이 공부이다. 우리 인간은 굴하지 않는 노력으로 진화해왔다. 생명이 다하는 날까지 내 운명을 기꺼이 받아들일 수 있어야 한다. 걸림돌에 걸려서 넘어지더라도 다시 일어나야 한다.

아모르-파티(Amor-fati). 우리의 운명을 받아들이고, 그 운명마저 사랑하는 사람이 되자. 어디에서든 어느 때이든 누구에게서든 나는 생명의 역동을 믿는다. 나는 내 운명을 사랑한다. 온 몸으로 이 운명을 맞이할 테다. 이 긍정의 철학을 받아들이자.

정의롭고자 하는 자 정의롭게 하라

그 누구도 해치지 말고 가능한 많은 사람을 도와라. 이것이 도덕의 근본명제이다.

도덕적 원칙은 우리의 초자아의 영역이다. 인류의 역사는 인간의 뇌의 발달과 깊게 연결되어있다. 석기와 철기시대 농경시대를 지나, 산업사회가 도래하면서 과학은 신의 자리로 등극한다. 뇌의 신비 역시 뇌과학이라는 성과를 얻고 있지만 아직도 해야 할 일이 많다.

우리는 뇌라는 소우주를 머리통 안에 넣어 다닌다. 대뇌피질의 네 영역을 언급하지 않더라도 인간의 뇌에는 정의영역이 언어영역처럼 기억영역처럼 자리하고 있는 것 같다. 인간은 오랫동안 끊임없이 **정의**를 추구해왔다. 우리는 정의를 위해서 기꺼이 목숨을 내놓은 역사적 사실들을 보아왔다. 우리의 뇌 안에 정의 칩이 깊숙이 박혀있다는 뜻이다.

　사람 이외의 동물은 사람처럼 내면의 문제로 고통을 겪지 않는다. 우리는 사회라는 공동체를 이루고 그 사회를 유지하는 댓가로, 불안을 잠재우는 댓가로 종교를 택하여 신의 은총을 바라며 산다. 인간은 종교라는 옷을 입고 나서야 비로소 불안의 그늘로부터 벗어날 수 있다. 그러나 이것만으로 우리 안에 있는 죄책감으로부터 벗어나 자유롭기는 어렵다. 일찍이 소크라테스는 모든 인간 내면에는 도덕적인 음성, 곧 양심의 목소리가 있다고 했다. 그는 이를 다이모니온(daimonion)이라 명명한다. 그 자신이 그 목소리를 들었다고 하였으며 옳지 못한 일을 하려할 때 그 음성이 제동을 건다고 했다.

　인간이 인간인 이유는 무엇일까? 인간이라는 정체성을 유지할 수 있는 기준이 무엇인지 고민한 적이 있다. 그때 떠오른 것 중 하나가 '정의'였다. 우리 인간은 불합리한 존재론적 불안을 가지고 있기에 늘 흔들리기 십상이다. 자기 그림자에도 놀라 흔들리는 자신이 불안했던 탓에 가족을 만들고 사회를 형성한 건 아닐까?

　인간은 정의라는 개념의 칼을 쥐고 있다. 이는 가치를 추구한다는 뜻이다. 돈과 빵과 술의 욕망으로만 사는 것이 아니라는 것이다. 인간은 보다 나은 세계로의 진화를 위해 태어난 존재다. 정의를 추구한다는 것은 가치를 점검한다는 뜻이다. 이익 앞에서, 부른 배 앞에서, 내가 과연 정당한가를 물어야한다는 것이다. 우리는 길어야 백년을 산다. 인간의 시간은 유한하다. 다음 세대를 위해 무엇을 남기고 갈 것인가를 고민하지 않을 수 없다. 전두엽을 사용할 줄 아는 개체로서 이것은 어쩌면 당연한 고민일 것이다.

　그런 의미에서 나는 전쟁에 반대한다. 핵을 반대한다. 또한 개인의 자율성을 제한하는 그 모든 억압에 반대한다.

♣ 키워드

정의, 윤리, 법, 올바름, 저울, 뇌에 박힌 정의 칩, 판단, 중심 잡기, 공명정대, 객관적, 균형 잡힌
성격, 갈등해결, 화합, 양심적인 행위, 공정한 대우, 법적인 문제의 해결, 건강의 균형(삶의 균형)

상담 Tip.

사회정의 실현은 인류 모두의 이상이다. 무언가를 판단해야 할 때, 자신의 가
치관과 세계관의 점검이 필요할 때, 이 카드는 긴요하게 쓰일 수 있다. 하지
만 언제나, 어디서나, 누구에게든, 양심이라는 것이 제대로 작동하느냐가 문
제다. 결국 정의 카드를 들고 있는 저 캐릭터는 자신의 오른손에 들려있는 저
울에 자신이 옳다고 생각하는 것을 올려놓고서 끝없이 정의의 칼을 휘두르며
자신만의 정의를 실현하는 것은 아닐까.

당신이 들고 있는 저울에 당신이 올려놓고 평가하고 있는 것의 내용에 대해,
그 원칙적 내용에 대해 타인의 관점에서 생각해보기 바란다.

이 카드에 보이는 남성은 촉감이 좋아 보이는 옷을 입고 있다. 하늘거리는 블라우스와 빨강색 레깅스는 이 인물이 대단히 감각적이라는 느낌을 준다. 감각이 있다는 것은 보통의 사람들과 다른 사고방식을 가지고 있다는 뜻이다.

거꾸로 매달린 사람은 정신적 삶에 무게를 두는 모습이다. 기존의 것들과의 단절을 통해 새로운 영감으로 가는 방편으로 머리를 땅으로 두는 모습을 보인다.

이 카드는 고통 받는 순교자를 의미한다. 순교자는 자신의 운명에 만족하며 자발적으로 희생한다. 기존의 질서에서 벗어나 새로운 성장을 하기위해서 세상을 거꾸로(다른 각도로) 보고 있다.

그는 혁명가이거나 개혁자이다. 정의를 거쳐 온 그는 이제 우리사회의 외적 가치를 뒤집을 수 있는 용기를 발휘하고자 한다. 그리하여 그는 그 시대의 정치범일 수 있다.

견뎌야한다. 이 시련의 시간을, 이 고통의 시간을 견뎌야한다.

다르게 보기, 다른 관점으로 사고하기, 스스로 묶기, 과도기, 연기된 계획, 머물러 있는, 정체됨, 좌절, 낡은 생각과 믿음, 피해의식, 완고함, 고정 관념, 부정적인 신념을 버리고 삶을 다르게 보라, 희생정신

상담 Tip.

혁명을 꿈꾸는 자, 꿈꾸게 하라!

삐딱하게 볼 수 있는 것도 힘이다. 용기이다. 당신의 피가 역류를 원하고 있다. 고통스럽지만 기꺼이 희생하였기에 당신은 희열을 느끼고 있다. 표면적으로는 고통처럼 보이나, 실제로는 그 속에 위대한 자각이 일어나고 있다. 당신 안에 있는 신성(神性)을 만나라. 무의식의 흐름에 자신을 내맡겨라. 시끄러운 일상에서 벗어나 명상에 잠겨보라.

인생에서 쉬어가야 할 때, 파이팅 넘치는 것을 뒤로 하고 스스로 발목을 묶을 수 있는 용기에 컨택하라.

당신의 그 용기에 박수를 보내라. 다르게 사고하려고 노력하는 그 지점에 물을 대라. 그리하여 다 같이 흘러가게 하라. 쉼을 선택한 지금의 용기가 결실을 맺을 수 있음에 주목하라.

죽고자 하는 자는 살 것이요, 살고자 하는 자는 죽을 것이다.

내가 직면하기 싫은 그 미완의 과제를 해결하지 않고서는 우리는 초의식세계로 들어갈 수 없다.

불교와 힌두교에서는 '삶과 죽음이 똑같다'고 한다. 이것은 타로카드의 원리인 대극의 원리를 가장 극명하게 보여주는 말이다. 삶과 죽음. 우리에게 이보다 더 큰 명제가 있는가? 우리는 살아있으나 죽어있는 것이요, 죽어있으면서 살아있는 것이다. 무의식에 배정된 13번 죽음 카드에서 우리는 우리 안의 낡은 자기의 죽음을 선포해야 한다. 이 죽음은 신체적인 죽음을 의미하지 않는다. 심리적인 죽음이다. 낡은 자기와의 결별. 익숙한 자기의 죽음을 맞이하여 관을 짤 수 있는 용기. 그럴 수만 있다면 우리는 끝을 시작으로 바꿀 수 있으며 이를 통합해낼 수 있으며 새로운 자기로 어제와 다른 나로 새롭게 태어날 수 있다.

이 카드는 내게 정직한 직면을 선물해준 카드이다.
'그냥 그때 사라졌어도 좋았을 걸.'
'내가 살아나서 너의 주변을 힘들게 했구나.'
'아니, 너도 살아있어서 힘들었잖니?'
죽음 카드를 보자 이런 내면의 목소리가 들려오는 것 같았다.

나에 대한 내 최초의 기억은 세 살 무렵의 나다. 이우는 햇살 끝에 매달려 들깨 냄새에 코를 벌름거리는 파리한 아이가 보인다. 가을 무렵이다. 아버지와 어머니가 마당에서 깨를 털고 있다.

그 최초의 기억이 나에게 전한 최초의 감정은 허무였다. 염세적인 것도 조숙한 아이로 자라났던 것도 그 때문이라고 생각했다. 하지만 그것은 의식의 철저한 위장일 뿐이었다. 나는 내 무의식이 두려웠다. 모질게 살아남았는데 그냥 이렇게 흐지부지 살 수는 없다는 부담이 있었다. 그랬다. 그냥 그때 죽었으면 이렇게 이 꼬라지로 살지 않아도 되었을 거라는 통탄의 자기 부정이 있었다. 교류분석에는 대항금지령(counter in junction)*이라는 것이 있다. '존재하지 말라(Don't exist)'라는 그 메시지가 바로 나에게 해당하는 메시지였다.

집단을 운영하는 중에 나는 13번 카드를 통해 내 문제의 본질을 만나게 되었다. 그리고 다시 살기로 했다. 그렇게 존재하리라 애쓴 나, 그래 살아보자. 힘들어도 인생을 접기에는 내가 살아온 세월이 드라마틱하지 않던가. 무엇을 하려고 애쓰기보다는 오늘 내게 주어진 운명을 받아들이며 치열하게 오늘을 디테일하게 맛보며 살아야겠다. 그 생각에 이르자 비로소 나는 다시 태어날 수 있었다.

죽음, 낡은 것들과의 결별, 심리적 죽음, 끝과 시작, 변천, 재생, 변형, 영구적인 변화, 강박관념, 충격적인 변화, 절망, 인간관계의 변화, 재정의 손실

상담 Tip.

더 이상 물러설 수 없을 때, 더 이상 감출 수 없을 때, 막다른 골목에 있을 때, 나오는 가장 센 에너지의 카드이다.

이 카드를 뽑은 사람들은 하나같이 "이제 저는 죽나요?"라고 묻는다. 그럴 리가 없다. 이 카드는 신체적 죽음을 의미하는 게 아니다. 죽음이라는 절대 절명의 명제를 걸어야 할 만큼 절망해 있을 때, 자신의 무의식의 가장 오래되고 기나긴 역사를 가진 그 어떤 것을 직면할 필요가 있을 때, 이 카드가 당신에게 온다.

당신은 죽음을 걸고 딜(deal)을 해야 할 만큼 센 에너지 상태에 있다. 이대로 죽을 것이냐? 아니면 새롭게 다시 살 것인가? 어찌할 텐가?

다시 말하지만 당신은 지금 다시 태어나기 위한 진정한 의미의 죽음을 맞이해야할 때에 이르렀다. 새로운 것을 찾을 중요한 기회를 맞이한 것이다.

힘 빼고 힘주고 그럼에도 가볍게

감성과 이성을 조율하여 안정됨을 조성한다는 의미의 **절제**야말로 자신을 이기고 타인에게 의존하지 않는 유일한 힘이다.

미카엘 천사의 가슴에 있는 네모안의 세모는 신비주의와 관련이 있다. 삼각형은 현실의 세계를, 사각형은 영적인 세계를 상징한다. 미카엘 천사 옆에 피어있는 붓꽃은 신으로부터 온 메시지를 의미한다. 천사의 한쪽 발이 잠긴 물은 연결을 뜻한다. 이것은 신이 인간에게 주는 메시지와 인내를 상징한다.

천사 뒤로 보이는 길은 산책하기 좋은 풍경이며 우리가 가야할 길이다. 우리가 가야할 그 길은 그리 힘하지 않으며 당신이 마음먹기에 달려 있다. 당신이 당신 자신을 절제해나간다면 충분히 그 길을 향해 갈 수 있음을 보여주고 있다.

미카엘 천사는 과도함의 끝에서 추락하는 인간을 보며 손을 내밀어 잡아 줄까말까를 고민한다. 그녀의 양손에는 컵이 들려져있다. 한 손에는 아주 차가운 물이, 다른 손에는 아주 뜨거운 물이 들어있다.

이 둘의 적절한 온도를 찾는 일은 인간에게는 영원한 숙제다. 아무리 심사숙고를 해도 아무리 집중을 해도 그 적절한 접점을 찾는 일은 신의 영역처럼 보인다.

　　무의식단계의 마지막 카드로 절제카드를 배열하는 것은 절제가 가능해야 초의식의 세계로 들어갈 수 있다는 뜻으로 보인다. 현명한 자들은 조용히 자기 내면의 강에 닿은 한쪽 발의 감각과 뭍에 놓인 다른 쪽 발의 감각을 통하여, 혹은 이 둘의 통합으로 그 접점의 어려움을 꿰뚫어 적절한 물의 온도를 감지하는 것으로 쓸 것이다.

♣ **키워드**

절제, 절도, 조절, 균형, 자기 절제, 내강외유, 중용의 태도, 마음의 평온, 조화와 균형, 타협, 포용, 조용하고 편안한 분위기, 인내와 끈기, 연민과 화합, 용서, 평정을 유지, 치유 능력, 영적 치유, 평화, 명상, 요가, 수행, 행동

상담 Tip.

지금 당신에게 밸런스를 요하는 일이 생겼다.

과도함과 지나침의 반대 극에는 무엇이 있을까? 아마도 거기에는 절제함이 있을 것이다. 누군가 나에게 세상에서 가장 힘든 게 무엇이냐고 묻는다면 나는 두말없이 '절제' 라고 대답할 것이다.

'당신이 하고 있는 일에서 균형을 맞추려고 노력하는 에너지가 있네요.' 라고 말할 수 있는 카드이다. 당신은 세상에서 가장 힘든 그 일을 하려고 한다.

죽음을 전제로 끊어낸 것보다 더 높은 단계의 카드이므로 당신 안에 있는 극단의 에너지를 잘 절제하고 이들의 균형을 맞추기 위해서 초미의 집중을 요하는 카드이다.

절제 카드는 균형의 문제와 관련되어 있다. 인간관계든 상황이든 욕망이든 한 쪽으로 치우치면 인생의 성숙에 장애가 발생할 수 있다. 생각과 말과 행동에 중용의 도를 따르자.

악마, 내 안에도 있다

염소의 뿔, 박쥐의 날개, 날카로운 발톱을 가진 **악마**가 있다. 뿔 사이의 오각별은 사탄을 나타낸다. 왼손에 들고 있는 횃불은 지옥을 향해 있으며 오른손 모양은 축복을 나타내는 5번 교황카드와 달리 악마를 상징을 하고 있다.

여성의 꼬리에 있는 포도송이는 종교적인 신성한 교류가 그릇되게 사용되고 있다는 것을, 남성의 횃불 꼬리는 욕망이 그릇되게 사용된다는 것을 보여준다. 쇠사슬을 자세히 보면 그 쇠사슬이 그들을 억압하는 것이 아니라 그들 스스로가 그들의 의지로 그곳에 있는 것을 알 수 있다. 남자와 여자는 이 자체를 즐기고 있다.

그러나 악마는 이렇게 염소처럼 우리를 관장하지 않는다. 악마는 가장 선한 얼굴로 다가와서 가장 달콤한 말로 우리 귓가를 간지럽히다가 결국 우리 심장에 불을 붙인다. 중독이라는, 과도함이라는 불을 말이다. 그런 의미에서 악마 카드는 악몽이나 지옥을 보여준다.

그렇더라도 나 개인으로는 메이저 22개 카드 중에서 가장 정이 가는 카드이다. 15번 악마 카드는 내가 가진 속성을 가장 잘 반영하고 있는 카드이다. 나는 과도함을 사랑하는 사람이다. 편견을 들고 다니기를 좋아하며 상대의 공격 지점을 찾아서 한방 날리는 것도 좋아하는 사람이다. 그런 과도함으로 방황하던 때도 있었다. 그래서일까. 나는 이 카드를 보면 나의 내면의 고향을 보는 것 같아서 미소가 나온다. 죽도록 미워했던 사람임에도 불구하고 어느 순간 그리움으로 나를 달굴 때가 있다. 그 양가적인 감정이 나를 덮친다. 미움 속에는 이상하게도 죄책감이란 질감도 있으며 '만약에'라는 가정법의 망상의 방도 있다. 그럴 때마다 나를 비웃듯 나에게 말을 걸었던 카드가 이 악마 카드였다. 가장 뜨거웠으며 가장 빛났던 고통을 기억하게 해주는 카드가 바로 이 카드이다.

♣ 키워드

악마, 중독, 과도함, 치우침, 편향, 괴팍함, 뭉그적거림, 유혹, 짐, 속박, 그릇된 방향, 한계, 제한, 욕망의 노예, 자신의 두려움, 소극적인 선택, 타성에 젖은 삶, 물질주의, 숨겨진 야망, 알코올이나 약물중독, 나락으로 빠뜨리는 인간관계, 잘 속음, 원칙과 양심을 포기, 과로, 수면부족, 정신적 우울, 부정적인 에너지

상담 Tip.

과잉으로 가는 길에서 만나는 악마. 악마 카드를 통해 우리는 중독에 대해 생각해볼 수 있다. 자신의 문제에 대해 집착하게 되면 그 집착에서 벗어나게 해주는 것을 찾게 된다. 그 대상을 찾으면 우리는 거기에 과도하게 빠져든다. 애착을 넘어서 밀착이다. 좁은 공간에 누군가와 딱 붙어있다고 생각해보라. 상대가 아무리 좋아도 우리는 금방 지쳐갈 것이다. 건전하지도 않으며 건강하지도 않다는 것을 실감할 것이다.

악마 카드에서 염소는 정욕, 탐욕, 관능적 욕망을 상징한다. 악마 밑에 있는 고리로 연결된 통은 중독의 세계로 들어가는 문처럼 보인다. 그 문을 열고 들어가면 그곳에는 갖가지 퇴폐와 환락, 두려움이 득실거릴 것 같다. 마치 크리스마스이브, 무도회장에서 정신줄 놓고 몸을 흔들고 있는 우리들 스무 살 시절의 성적 역동들처럼 말이다.

당신이 어느 한 부분에 과도한 에너지를 쓰고 있을 때 이 카드가 나온다. 죽음 카드와 마찬가지로 악마 카드가 전달하는 시각적 메시지는 막강하다. 따라서 이 카드를 잘 이해할 필요가 있다. 집중된 에너지를 최대한 풀어서 이완시키는 것에 초점을 두라. 지금 당신이 바라보는, 행하는, 머물러있는 그곳에 과잉의 물이 고여 있음을 기억하라.

16번 **탑** 카드에서 탑은 우리가 스스로 만든 삶의 틀을 은유하는 것이다.

우리의 몸이 우리의 집이듯, 우리의 영혼이 우리 몸에게 지배를 받듯, 그렇게 우리는 한계지어진 몸과 영혼, 그 익숙한 냄새에 기대어 불안한 시간을 살고 있다.

외부에서는 내가 지어놓은 틀이 잘 보이겠지만 정작 나는 이 틀을 정확하게 인지하기가 어렵다. 따라서 자기상황을 스스로 깨닫고 틀 안에서 나오기는 더욱 쉽지 않다. 그리하여 그분은 내 성(城)에 내 몸에 내 영혼에 천둥을 내리치며 말한다. 나와라. 나오면 내가 너와 함께할 것이니 두려워말고 나와라. 나오는 순간 너희에게 내가 슈퍼맨의 옷을 입혀줄 것이니 뛰어내려라.

탑 카드는 외부의 사건으로 인해 틀에서 벗어나 내 삶이 바뀌는 것을 보여준다. 이를테면 암 선고나 사고, 실직, 배우자의 외도, 아이들에게 닥친 일들이나 문제들이 그러하다. 고통이 고통으로만 끝나버리면 인생은 지속되지 않는다. 고통은 생의 훌륭한 파트너다. 살아있는 유기체만이 고통을 느낀다. 고통은 유기체의 부적절한 삶의 방식에 대해 기관이나 세포가 호소하고 항의하는 목소리이다.

내 삶의 방식에 잠식된 내 신체의 비명소리를 들을 때가 온 것이다. 뜻대로 되지 않는 삶이라고 주저앉을 수만은 없다. 천둥번개 내리치는 탑에 더 이상 머물러있을 수는 없다. 눈앞이 캄캄하고 겁이 나지만 우리는 뛰어내려야 한다.

♣ 키워드

획기적인 사건, 사고, 충격, 외부로부터 오는 나쁜 소식, 갑작스럽고 예상하지 못했던 삶의 변화, 격렬한 소요, 충격, 놀라운 사건, 믿음 붕괴, 일상파괴, 과도기, 해고, 거절, 사업부도, 도산, 불행한 상황, 파산, 대출신청 거절, 자동차 사고, 화재, 수술, 신경증, 고열, 갑작스런 깨달음

상담 Tip.

메이저 22장 중 막강한 시각적 메시지를 주는 카드중 하나가 16번 탑 카드이다. 이 카드가 나오면 대다수의 사람들은 "저는 이제 망하는 거예요?", "무슨 일 생기는 거예요?" 묻는다.

그렇다. 당신은 무언가 급격한 고통 속에 처해 있다. 그러나 역설적이게도 고통은 우리의 친구이자 동반자다. 고통은 우리를 성장시키는 가장 좋은 스승이다. 미운 선생님이다.

우리를 보호하던 탑은 오만과 망상의 감옥이었다. 우리 내면의 성장을 위하여 미지의 두려움이 있지만 감옥 밖으로 나가야 한다. 근심과 공포가 당신을 에워싸지만 용기를 내라. 뛰어내려도 죽지 않는다. 당신을 믿어라.

당신이 의도하든 그렇지 않든, 당신에게 뜻하지 않는 일이 생기지만, 결국 당신에게 이 일은 다른 것을 경험하게 해주는 초대임을 기억하자.

두려움과 불안을 보여주던 악마 카드나 탑 카드와 달리 **별** 카드에는 평온의 이미지가 있다.

그는 그게 진실이고 그게 세상의 전부라고 믿었던 그곳(tower)에서 불가피하게 뛰어내릴 수밖에 없었다. 그 안에 있어도 죽고 뛰어내려도 죽는다면 뛰어내릴 수밖에 없다. 그 상황에서 뛰어내려 새로운 세상을 경험하는 것이 탑 카드라면 별 카드는 새롭게 태어난 그가 이제 새로운 비전(vision)을 찾는 것이다. 새롭게 자신의 꿈을 세팅하는 것이다. 이전에 가졌던 소망이나 비전이 외부의 시선에서 만들어진 거라면 그것을 다 벗어던지고 실오라기 하나 걸치지 않은 채 그는 이제 온전히 자신의 꿈에, 자신의 별에 집중한다.

오랜 시간 자신의 틀 안에 갇혀서 그것만이 진실인 듯 살아왔던 시간에는 습관이 묻어있다. 아무리 노력해도 나올 수 없었던 그 탑으로부터 죽음을 불사하고 나왔다. 그 탑에서 뛰어내리면서 새로운 몸의 감각을 내 몸에서 느꼈다. 새롭게 비상하겠다는 결의가 이제 현실의 소망으로 연결된다. 내가 찾은 그 소망을 실현시키기 위해서 나의 손과 발은 바쁘다. 무의식의 호수로 보이는 곳에 자신의 마음을 열심히 길어다 바치는 그 여인은 너무도 바쁘다. 소망을 현실화시키는 작업을 수행하고 있는 까닭이다.

소원, 꿈, 노력, 자기가 원하는 대로 살려면 손과 발이 바빠요, 나는 꿈을 꾸는 자, 균형과 조화, 질서와 평화, 온화함, 고요함, 치유, 새롭게 되기, 정화, 긍정적, 성공 가능성, 행운, 새로운 기회, 주식가격 급등, 복권, 약속, 기대이상, 삶의 기적

상담 Tip.

자신이 원하는 것을 찾고자 할 때나 찾았을 때 이 카드는 당신 앞에 모습을 보인다. 특히 사랑이나 성(性), 인간관계에서 조화로움을 의미하는 카드이다.

그러나 이 카드의 별은 이루어진 결과물이 아니라는 점을 주목해야 한다. 별은 지금 당장의 결과가 아니라 당신이 이루고자 진정으로 원하는 무엇, 자신의 삶을 살고자 원하는 많은 형태 중 가장 막강한 어떤 것이다.

17번 별 카드를 만나면 철저하게 자신의 소망을 최대한 높이 띄워라. 사회적 기준이나 외부의 시선으로 무장된 거짓된 자기를 벗고 진정한 자기, '참나'의 길을 찾아가는 스스로를 아낌없이 응원하라. 당신 곁에 기꺼이 그 꿈을 응원해주는 누군가가 있다.

별을 만나 꿈을 현실화하려고 노력했으나 밤이 되면 다시 슬그머니 다른 감정들이 일어난다. '그래, 내가 이것을 이렇게 하면 될 것 같아.' 하는 감정을 지니고 있으나, '과연 그런다고 정말 잘 될까?' 하는 의심이 생겨난다.

카드 안에는 사람이 전혀 보이지 않는다. 달의 고요한 표정에서 그나마 인간의 모습을 확인할 수 있을 정도다. 차갑고 어슴푸레한 달빛과 탑 너머로 펼쳐지는 황량한 풍경은 우리에게 정체모를 두려움과 막막함을 느끼게 한다. 달을 보고 짖고 있는 개와 늑대, 땅으로 기어나오는 가재는 동물적 야성의 이상야릇한 발동을 보여준다. 곧 내 안에 있는 무의식의 속살이며 근원의 속살일 수 있다.

"Really?", "정말이야?" 묻고 있는 카드이다.

'정말 네가 원하는 게 그거 맞아?', '그게 정말 네가 하고자하는 거야?' 이렇게 스스로에게 되묻는 달 카드는 빨리 자신의 정체를 드러내라는 촉구처럼 느껴지는 카드이다.

잘린 기둥 사이로 달이 해를 가린 채 떠있다. 그 아래에서 개와 늑대가 달을 향해 짖고 있다. 카드의 밑단 호수에서 가재가 이제 막 자신의 앞발을 길 위로 올려놓고 있는 중이다. 가재는 당신 무의식의 소망을 상징한다. 곧 당신의 숨은 실체가 드러날 수 있다. 이 가재가 길 위로 자신의 몸 전체를 올려놓을 때 가재는 자신이 진정 무엇을 하고 싶은지 알 수 있을 것이다. 달은 저물고 이제 자신의 소망이 찬란한 태양아래 그 색깔을 드러낼 것이다.

♣ 키워드

어슴푸레, 자기질문, 무의식, 잠과 꿈의 어두운 세계, 환각, 두려움, 감정, 직관, 알려있지 않은 것의 유혹, 편집증, 현실 기만, 파괴행위, 심리적 공격, 걱정과 불안, 실망, 속임, 비밀, 환멸, 재정 불안, 대체의학, 일시적인 현상, 통찰력

상담 Tip.

내가 진짜 원하는 게 뭐지? 내 마음을 나도 모를 때, 내가 원하는 게 확실하지 않을 때 나오는 카드이다. 모호하고 신비롭고 때로는 답답한 에너지가 전해지기도 하지만 의심하며 자신에게 되묻는 이 과정이 반드시 필요하다. 이 과정 없이 해는 뜨지 않는다. 나만의 태양을 띄우기 위해서는 누군가가 재촉한다고 해서 쉽게 타협하면 안 된다. 나의 내면을 상징하는 가재를 더욱 오래 자주 깊이 들여다보기를 바란다.

또한 달은 여성의 에너지를 강력하게 상징한다. 달로의 여행은 무의식의 영역인 정서적 상태, 직관적 지혜, 신비 등을 의미한다.

달 카드는 내 안이 대단히 복잡하다는 것을 드러낸다. 이제 때가 되었다. 자기질문의 마지막 단계에서 최종점검을 하게하는 카드이다. 당신의 마음속을 잘 들여다보며 달빛이 걷히길 기다려라.

찬란한 **태양** 아래서 아이는 행복하다. 아이는 자신의 열정을 기꺼이 마음껏 펼칠 수 있다. 무엇을 두려워하겠는가!

악마를 만나고 탑으로부터 뛰어내려서 별이 말하는 바 그 꿈을 찾아서 열심히 노력하다가, 다시 지난한 밤의 달빛 속에서 자신에게 묻고 또 물어서 맞이한 태양이므로 아이는 찬란한 태양빛 아래 자신의 몸보다 큰 붉은 깃발을 들고, 거침없이 나아간다. 아이의 성공을 기원하고 뒷받침하는 해바라기들이 담장 위로 고개를 내밀고 노래하듯 응원하고 있다.

그런데 아이는 기쁘다기보다 오히려 여기 태양 아래에서, 이대로 해바라기 꽃그늘 아래에서 놀고 싶다. 성장하고 싶지 않을 정도다.

당신의 햇살은 너무도 따사로워요. 당신의 햇살 아래에서 이렇게 행복하고만 싶어요. 사랑하는 당신, 내 존재의 근원인 당신, 나를 사랑한다면 적절한 거리에서 나를 비추어주세요, 거리를 유지해주세요. 내가 스스로 말을 타고 달릴 수 있도록, 내겐 지금 큰 깃발이지만 이 깃발의 중심을 잘 잡을 수 있도록 내게 시간을 주세요. 나를 지켜만 봐주세요. 당신의 햇살이 따사롭지만 너무 가까이에서 나를 비춘다면 내 등은 껍질이 벗겨질 것입니다.

건강한 경계를 갖추는 것, 이것이야말로 가장 평화로운 상호의존의 관계이다. 서로의 역할을 바꿀 수 있는 것, 이것이 상호의존의 해답일 수 있다.

타로는 고정된 에너지가 아니라 흐르는 에너지다. 지금 이대로 굳어진 에너지가 아닌 내가 알아차린 그 순간, 내 안에서 일어나는 에너지다. 누군가가 늘 나에게 태양 같은 역할을 해주었다면 이제 내가 그를 위해서 기꺼이 태양의 자리로 가는 역할의 순환이 이루어져야 한다. 그것을 내가 진정으로 바라고 결정한다면 이 카드는 역할을 다한 것이다. 그것을 알아차리라고 이 카드가 당신에게 온 것이다.

♣ **키워드**

경계, 역할나누기, 무한한 지지, 다 가지고 태어남, 긍정성, 무한함, 빛의 파장, 풍요, 열의, 달성, 물질적 부, 열대기후, 깨달음, 권능, 창조와 부활, 정화, 개선, 행운, 소득증가, 진급, 건강, 결혼, 활력, 병의 회복

상담 Tip.

이 카드에서는 태양과 아이의 관계에 주목할 필요가 있다. 당신이 아이로 보인다면 당신을 한없이 지지해주고 인정해주는 사람이 누구인지를 생각해보라. 만약 당신이 태양으로 보인다면 아이와의 건강한 경계에 대해 생각해 봐야할 것이다. 태양과 아이, 둘의 관계는 고정적이어서는 안 되며, 둘의 관계가 상호보완적이고, 상호의존적일 때 건강할 수 있다는 것을 명심하자. 역할의 고정은 희생과 폭력을 부른다.

두려움은 다 극복되었다. 현재를 아낌없이 즐겨라. 당신은 사람들에게서 주목을 받고 있다. 당신은 이제 진정한 재능을 찾았으며 남들의 눈에 띈다. 당신은 행복하며 빛과 사랑의 에너지에 놓여 있다. 당신이 드디어 중심으로 서고 있는 것이다.

심판 카드는 우리가 모든 장애물을 이미 벗어났다는 걸 의미한다.

우리는 바보로 세상에 와서 7개 의식차원의 카드를 만나고 무의식차원의 카드 7장을 만났으며 초의식의 과정을 거쳐 마침내 20번 심판 카드를 만났다. 이제 내 삶을 온전히 심판대에 올리는 작업을 수행해야 한다.

이 카드를 만난 나는 "제가 저 세계로 들어갈 수 있나이까?"라고 묻는다. 가브리엘 천사가 부는 나팔소리가 들려온다. 나팔소리를 따라가야 한다. 그리하여 부활하는 나를 영접하여 온전한 세계로 들어가는(in) 카드이다.

하늘의 존재들로부터 호출되는(내부에서 들려지며 응답되어지는) 것들에 답하여 나는 위대한 변형작업을 완수한다. 소식이 오면 당신은 그 길을 따라가면 된다.

거듭남을 의미하는 카드이다. 바보로 시작한 인생의 여정을 이제 마칠 시간이다. 바보는 현실의 세계에서 자신의 가능성을 믿고 자신의 내면의 네 가지 원소인 열정과 사랑, 판단능력과 성과라는 원소를 갈고닦으며 무수한 경험의 세계로 들어왔다. 그렇게 시작한 여행은 이제 심판의 지점에 도달했다. 가브리엘 천사의 나팔 소리를 듣기위하여 바보는 이제 관 뚜껑을 열 준비를 해야 한다.

자, 준비되었는가?

♣ **키워드**

거듭남, 판단, 평가, 좀 더 나은 곳을 지향함, 높은 의식, 과거를 버리고 새롭게 출발함, 삶을 책임짐, 다른 이를 판단하고 비난함을 중단하라, 용서, 새로운 아이디어, 청신호, 꿈의 펼침, 지배적인 위치, 소득 증가, 계약 성사, 소식이 옴, 재생, 치유력, 질병과 장애를 극복, 과거를 버림

상담 **Tip.**

초의식 카드의 20번 심판 카드 또한 리딩에서의 어려움을 호소하는 사람들이 많다. 종교와 관련이 깊은 카드들을 읽을 때의 함정일 수 있다. 우리는 심판이란 말이 주는 당혹감에 빠지게 된다. 옳은가 그른가, 천국인가 지옥인가, 둘 중 하나로 내 전부가 귀착될 것 같은 불안이 먼저 자리 잡는 까닭이다. 물론 이 카드는 최후의 심판을 연상시키지만 필요이상으로 무겁게 생각하는 건 옳지 않다. 이 카드를 무언가의 소식이나 노력한 것들에 대한 평가를 기다리고 있다는 정도로 읽어도 무방하다.

당신은 자신의 삶을 온전히 재단위에 올려놓았다. 당신은 최선을 다했다. 당신은 현실 속에서 충분히 노력해 왔다. 당신 내부의 부름과 추진이 시작되었다. 낡은 자아는 이미 죽었다. 그리하여 가브리엘 천사가 온전한 세상으로 인도하는 것이다. 온전한 삶으로 가는 길의 마지막 관문이다. 노력해온 당신의 삶에 신의 은총이 있을지어다!

심판 카드는 그동안 배운 교훈으로 새롭고, 의미 있게, 충만한 삶을 살라는 메시지를 담고 있다. 당신을 위해 열린 저 문 안으로 기꺼이 걸어 들어가라.

우주의 완성과 끝, 그 안에 있는 비밀, 우주가 신(神) 안에 있는 자기 자신을 깨달을 때의 바로 그 황홀경을 나타내는 카드이다.

메이저 카드의 마지막 카드인 21번 **세계** 카드는 세상의 모든 책들을 내려놓고 그 자체로 온전히 생을 마주하는 카드이다. 무엇을 하지 않아도 좋다. 아이가 때어났을 때 무엇을 하지 않아도 그 존재 자체로 기쁨이 충만한 것처럼 이 카드는 하나의 세상을 완성하고 세계와 내가 합일됨을 드러낸다. 그런 의미에서 이 카드는 완성을 이루는 카드로 볼 수 있다. 그 자체로 생을 즐길 수 있다는 것은 얼마나 황홀한 일인가? 그 상상만으로도 우리는 가슴이 뛴다.

21번 세계 카드는 2번 고위 여사제와 1번 마법사의 통합체다. 양손에 지팡이를 든 여인이 춤을 추고 있다. 이 여인은 무희(舞姬)이다.

춤추며 사는 삶, 그게 진리였어.

이제 공부 따위는 필요 없어.

춤추듯 인생을 그렇게 살 거야.

삶이라는 무대에 서서 알몸으로 춤을 추다가 가는 것이 우리네 인생이다.

♣ **키워드**

세계, 온전함, 완전함, 평화로움, 하나의 세계를 완성, 조화로움, 완성, 성취, 성공, 일에 대한 보상, 새로운 단계, 확신, 세계여행, 해외 교역, 사업, 승진, 여행, 이사, 외국인 친구, 유산 상속, 일치, 조화와 균형, 일상적인 것들을 초월함, 장애물을 넘고 한계를 극복함

상담 **Tip.**

당신은 충실히 삶을 살았으며, 배웠으며, 당신의 안과 밖을 이해했다. 이제 당신은 성취했으며 행복한 결말에 이르렀다.

이 카드의 핵심은 완전함과 온전함의 차이를 인식하는 것에 있다. 완전하다는 것은 종결의 의미다. 온전하다는 것은 그 자체로 존재한다는 의미다. 이 카드를 자칫 자신의 완벽함을 추구하는 것으로 오해하는 사람들이 있다. 사회적 성공이나 결말의 화려함으로 이해하는 것은 바람직하지 않다. 세계 카드는 자신의 삶의 양식 안에서 온전함을 추구하는 것, 통합된 삶으로의 귀환을 뜻한다.

최종목적지에 이른 당신의 목표는 완결되었다. 그러나 우리의 삶은 되풀이되며 다시 나아간다. 목적의 달성이 끝이 아니다. 그리하여 하나의 문이 닫히고 다른 차원에서 다시 삶이 시작된다. 더할 나위 없이 즐거운 이 현재를 온전히 누리면서 한 발 한 발 다시 나아가자.

마이너 아르카나
The Minor Arcana

III

고대인들에게 자연은 경외였으며 경이였다. 이 자연을 지탱해주는 네 가지 원소로 서양에서는 불·물·공기·흙을, 동양의 경우, 중국에서는 이 4원소에 금(金)의 원소를 첨가하여 5원소로 분류하였으며, 인도와 티베트에서는 영적 원소인 에테르가 4원소에 스며들어 각각의 생명을 부여한다고 이해했다.

유니버셜 웨이트 타로의 마이너 아르카나는 자연의 4원소, 곧 지팡이(Wands)로 표현되는 '불'의 요소, 컵(Cups)으로 표현되는 '물'의 요소, 검(Swords)으로 표현되는 '공기'의 요소, 펜타클(Pentacles)로 표현되는 '흙'의 요소로 구성되어 있다.

메이저 아르카나를 통해 우리들 인생의 여정을 배웠다면 마이너 아르카나에서는 각 짝패(슈트, suit)의 그림과 숫자를 통하여 우리의 현재의 에너지, 우리 일상의 소소한 드라마를 만날 수 있다.

불과 공기는 남성의 에너지를 상징하고 물과 흙의 원소는 여성의 에너지를 상징한다. 남성의 에너지는 과도하게 진행될수록 그 끝이 피로함을 나타낸다. 책임감이 과중하면 스스로의 무게에 짓눌리게 되고, 생각이 많으면 역시 스스로 그 생각의 사슬에 갇혀서 종말을 보게 된다. 반면 여성의 에너지는 쓰면 쓸수록 풍요로워지는 에너지를 예고하고 있다. 물의 원소는 쌓이면 쌓일수록 나누어 마실 에너지의 사이즈(size)가 그만큼 커진다는 것을 드러내며 흙의 원소 역시 가꾸면 가꿀수록 풍요가 커지는 것을 보여준다.

지팡이(Wands)

　슈트의 첫 번째는 4원 중 불의 원소를 나타내는 지팡이(Wands)이다. 남성성의 원소인 지팡이는 불, 에너지, 열정, 동력, 활동, 행동, 움직임 등을 상징한다. 앞에서도 말했듯이 타로의 모든 카드는 대립의 에너지를 동시에 갖고 있다. 그것은 동전의 양면처럼 긍정과 부정이 한 몸을 이룬 대극의 원리로 볼 수 있다. 통제되지 않은 불은 모든 것을 한순간에 태워 잿더미를 만들어버리는 무시무시한 파괴력이 있지만 이 불을 잘 통제하면 불은 모든 것을 창조하고 변형시켜 세상을 풍요롭게 하는 에너지로 쓰이는 것이다.

　지팡이는 우리의 개인적인 발달을 자극하는 상황들을 보여준다. 지팡이에 달린 새싹들은 성장의 잠재력을 상징한다. 우리는 어려움을 극복하고 일에서의 성취감을 경험한다. 하지만 그 성취감은 많은 사람들과의 갈등을 유발한다. 그 갈등을 극복하고 나는 내 분야에 깃발을 꽂는다. 갈등을 통해 나는 승리하지만 이것은 누군가를 소원하게 하는 승리이므로 주변을 잘 챙길 필요가 있다. 누군가와의 조절과 소통은 어려운 일이다. 오히려 혼자서 열심히 하는 건 쉽다. 일은 하면 할수록 늘어나고 수입도 늘어난다. 그럴 때 드는 생각. ‘내가 지금 잘하고 있는 걸까?’, ‘남들은 어떻게 하는 거지?’ 주변을 둘러보며 눈치를 살피지만 내가 감당해야하는 무게는 여전히 크다.

Ace of Wands

에이스는 각 짝패의 1번 카드로 새로운 시작을 상징한다.

"내가 너희들에게 생명의 불을 주노니 이 불로 너희들의 활동을 왕성하게 하여 세상에 온갖 좋은 에너지로 타오르게 하라."

우리는 불의 원소를 선물로 받았다. 신이 우리에게 불을 선물로 주었으니 이를 가꾸고 키우는 것은 온전히 우리의 몫이다.

지팡이 에이스는 종종 직업과 관련하여 나타난다. 창업이나 새로운 직장에 취업될 수 있는 기회가 왔다. 자신감을 갖고 임하라. 구름에서 나온 손이 돕고 있다.

직업에 관한 것 외에도 연애의 시작, 아이의 탄생, 창조적인 일들의 시작, 발명 등을 상징한다. 새로운 열정으로 모험을 시작하자.

♣ **키워드**

창조적인 시작, 아이디어 탄생, 승급, 승진, 새로운 직업, 사업의 시작, 도전, 열정, 낙천주의, 일, 성장, 영적인 활동

2 of Wands

숫자 2는 하나에서 하나의 수가 더 나온 것이다. 나를 비추는 상대가 생긴 것이다. 그것은 양면성일 수 있으며 대립물일 수 있으며 자신의 또 다른 모습일 수 있다.

이 카드의 인물은 성(城)의 젊은 성주로 보인다. 이 젊은 성주는 지금까지 이 성에서 많은 성과를 이뤄낸 인물이다. 그의 오른손에는 지구본이 들려있으며 왼손은 고정되어 있지 않은 지팡이를 잡고 있다. 이것은 나가려는 에너지를 의미한다. 그 옆에는 핀으로 고정되어 있는 지팡이가 있다. 이것은 안정의 에너지를 의미한다.

그는 아마도 성 밖의 세상을 꿈꾸는 것 같다. 지금까지의 자신의 삶에 만족하기보다는 새로운 삶을 꿈꾸는 것으로 보인다. 그의 마음은 이미 성 밖 저 너머 바닷가로 향해 있으며 세상을 진두지휘할 계획도 신중히 세워두었다. 그러나 그의 두 발은 아직 성 안에 머물러 있다. 몸은 성 안에 있지만 마음은 그가 그리는 세상으로 나가있다. 마음은 떠나있는 것이다. 어쩌면 그는 갈등하는 자신을 질책하고 있는지도 모른다. 지금 여기에 있으면 일생을 편안하게 살 수 있지만 이 성을 떠나면 자신에게 어떤 일이 닥칠지 모른다. 두렵다. 하지만 젊은 성주는 이미 자신을 디자인해 놓았다.

지팡이 밑으로는 흰 백합과 붉은 장미가 교차하는 모양이 보인다. 이 역시 열정과 순수의 대비를 이루고 있으며 타오르는 욕망과 열정을 머리에 이미 떠올렸다는 의미다.

집단에서 내가 만난 에너지는 참으로 신기했다. 이 카드를 선택한 사람 대부분은 이미 새로운 일을 마음속에서 결정한 사람들이었으며 하나같이 실제적으로 나가기 위해서 준비해야할 것들에 대한 걱정들이 남아있는 사람들이었다.

이 카드는 이룬 성공, 세속적인 만족, 새로운 미래, 성취감 혹은 허탈함, 지금에 만족하지 못하는 압박감 등을 나타낸다.

♣ 키워드

성공 임박, 사업적 동업자, 좋은 관계, 공동 노력, 일, 재정에 관한 희소식, 투잡(two job), 개선되는 일, 자신감, 성숙한 개인

3 of Wands

숫자 3은 창조를 나타내는 숫자이다. 둘의 합일로 하나의 생산물이 나온 수이므로 창조의 수이다. 이상과 현실 너머의 제 3의 것, 그것이 창조이다.

건강한 남자가 등을 보이며 언덕위에 서있다. 그는 저 아래 바다를 지나가는 배들을 보고 있다. 남자가 바라보고 있는 바다는 황금 들판을 연상케 한다. 그의 등 뒤로 그의 키를 넘는 두 개의 지팡이가 있으며 쭉 뻗은 오른손은 지팡이 하나를 잡고 있다. 붉은 옷을 입은 그에게서는 힘이 넘쳐 보인다. 그의 몸에는 뜨거운 열망이 있으며 머리에 두른 띠는 그의 각오와 그의 파이팅을 보여준다. 지팡이 2번의 성주가 자신의 성을 떠나 새로운 성공을 이루고 그 수확을 기다리고 있는 모습으로 보인다.

이 카드는 달성, 성공, 만족, 리더, 사업적 성공 등을 상징한다.

♣ **키워드**

성공의 문턱, 과거의 노력이 효과를 나타냄, 중요한 지점, 견고한 바탕, 장기적인 계획, 상업, 해외 교역, 수입 및 수출, 벤처기업

4 of Wands

머리에 화환을 얹고 꽃다발을 높이 든 행복해 보이는 한 쌍이 있다. 마치 올림픽에서 환상의 복식조가 금메달을 따고 금의환향하는 모습을 연상케 한다. 그들의 등 뒤로는 빨간 지붕의 성이 중앙에 서있고 평화로운 분위기가 전해진다.

이 카드의 핵심은 재결합과 파트너십(partnership)이다. 혼자서 잘하기보다는 둘이 잘해야만 결과를 얻을 수 있다는 게 이 카드가 전해주는 메시지다.

♣ 키워드

결혼, 헌신적인 관계, 사업적인 제휴, 우정, 큰 행복, 이동, 결혼으로 인한 이동, 회사 이동, 좋은 시기, 안정감, 안전함, 견실한 계획이나 기초, 휴식, 여가, 소풍, 동창회, 가족·친지·친구들과의 파티

5 of Wands

이 카드의 핵심은 에너지의 충돌이다. 다섯 명의 남자아이들이 맞붙어 싸우며 지팡이를 휘두르고 있다. 빨간색 옷을 입은 아이가 들고 있는 지팡이에만 새싹이 없다. 이 카드가 본인으로 투사된다면 그것은 당신이 바로 트러블 메이커일 수 있다는 뜻이다.

에너지의 충돌은 내 의견, 내 주장만을 강조할 때 발생한다. 자신을 드러내는 것은 긍정적이나 자신의 색깔로 타인을 조종하려는 것은 갈등을 증폭시킬 수 있다는 점을 명심하자.

♣ **키워드**

논쟁, 다툼, 갈등, 반박, 불화, 혼란, 복잡하게 꼬임, 경쟁, 싸움, 경쟁자, 힘겨운 투쟁, 고된 노동, 좌절감, 소문, 큰 도전, 경제적 압박감, 돌려막기, 논쟁, 다툼

6 of Wands

승리의 월계관을 쓴 한 남자가 말을 타고 등장하고 있다.

이 카드의 주인공은 수많은 전투를 치르고 그 전투로부터 승리를 이끈 사람일 것이다. 그는 승리자가 되어 환영을 받으며 돌아오고 있다. 그를 태운 말은 아마도 그가 전투에서 승리할 수 있도록 최선을 다해 그를 도왔을 것이다. 그런데 승리의 기쁨과 혜택을 맛보는 것은 말 위에 올라탄 사람뿐이다. 말의 표정엔 '그렇게 좋으냐?' 라는 비웃음이 눈 안 가득하다.

말의 휘장은 승리자를 빛내기에 좋게 비단으로 치장되어 있다. 말 전체를 덮은 휘장은 말이 걷기에 불편함을 주지만 승리자는 말의 입장을 헤아리지 못한다. 좀 더 폼 나게 좀 더 위풍당당하게 군중의 환호성 속에서 자신의 승리를 드높이고 싶을 뿐이다.

이 카드는 당신이 어떤 상황에서 무언가를 얻었다면 그것은 당신의 힘으로만 얻은 게 아니라는 점을 보여준다. 당신이 성과를 얻도록 당신에게 도움을 준 사람들을 챙기라는 주요메시지가 있다. 우리는 혼자서 그 많은 것을 이룰 수 없다. 나의 승리에 도움을 준 것들, 은공을 나누고 싶은 사람들의 목록을 적어라. 당신의 숨은 조력자에게 고마움을 표현하길 바란다.

승리 카드, 임무나 기획의 완수, 장애물 극복, 끈기와 지성, 꿈을 이룸, 고된 노동에 대한 지지와 보상, 야망과 욕망, 새 직장, 승진, 진급, 우수한 성적으로 학교 졸업, 다이어트 효과

7 of Wands

완고한 표정으로 한 남자가 지팡이를 열심히 꽂고 있다. 그가 벌리고 선 두 발에선 그의 의지가 보인다. 그는 미련할 정도로 자신이 계획한 일에 전력으로 질주한다.

이를 바라보는 주변의 사람들은 그의 고집스러움과 투지에 고개를 절레절레 흔든다. 그는 누구의 말도 듣지 않는다.

이 남자의 이미지는 성실함이나 투지로도 읽히지만 다른 한편으로는 외골수나 고집쟁이로 보일 수도 있다. 그렇더라도 자신의 영역이나 공간을 방어하는 성실함은 그 자체로도 가치로운 일이다.

♣ 키워드

모든 반대를 무릅쓰고 성공할 능력, 유리한 입장, 정면으로 맞섬, 분명한 입장, 자신의 의견을 주장, 가르치기, 작곡하기, 강의하기(작가의 카드), 모든 형태의 자영업, 경쟁 상대, 고집, 외골수, 자신의 길을 가다

8 of Wands

좋은 기운들이 당신에게 떼 지어 들어온다. 이 카드는 성공과 만족의 카드이다.

많은 일들이 당신을 향해 들어오기 시작했다. 그것들로부터 당신은 힘을 받을 것이고 그것들로 인해 무언가를 성취할 것이다. 쏟아져 들어오는 긍정의 에너지를 "오너라, 어서!"하며 양팔 벌려서 맞이하길 바란다. 모든 지연과 장애는 제거되었다. 빛처럼 쏟아져 들어오는 긍정의 에너지를 맞이하라.

♣ 키워드

침체와 정체기의 끝, 좋은 소식, 팩스, 이메일, 전화, 여행, 이사, 새 아이디어, 새로운 기획, 광고, 판촉행사, 정보에 대한 신속한 대응

9 of Wands

8개의 지팡이가 땅에 꽂혀 있고 한 개의 지팡이를 든 남자가 잠시 멈춘 듯 서 있다. 그의 머리엔 붕대가 감겨 있고, 눈동자는 무언가를 살피고 있다. 그에게서는 망설이는 에너지가 전해진다.

주변을 살펴보는 것은 지금껏 자신이 이루어왔던 것에 의심이 들기 때문이다. 이렇게 해도 되는 걸까? 남자에게서는 살피거나 눈치를 보는 에너지가 전해진다. 그러나 어쩌겠는가. 싸움은 끝나지 않았다. 부상을 당했지만 계속해야 한다.

♣ **키워드**

마지막 한 가지의 시험, 도전, 기술과 결단력, 힘을 쓸 수 있는 위치, 용기, 다음 행동을 위한 계획, 뛰어들기 전에 먼저 생각하라, 사소한 결함으로 일의 중단, 마지막 장애물을 극복, 질서

10 of Wands

이 카드의 가장 중요한 의미는 압박 또는 억압이다. 우리시대의 아버지 카드이다. 무거운 짐을 기꺼이 짊어지고 가는 저 튼실한 다리를 보라.

열 개의 지팡이를 짊어지기까지 아버지는 튼실한 두 다리로 그 무게를 버틸 수밖에 없었다. 책임감으로 똘똘 뭉친 그는 기꺼이 혼자서 짐을 짊어지고 가고자 노력해왔다. 안쓰러움이 맘 깊이 파고든다.

아버지의 책임감은 무거워만 간다. 그 짐을 내려놓지 못하는 아버지는 일 중독자가 되어 심각한 스트레스에 시달린다. 부디 그 짐을 나누라. 당신에겐 그 짐을 함께 나누어 질 친구가 있다.

과다업무, 과잉노동, 임무수행 카드, 너무 많은 책임, 부담감, 빚의 압박, 과체중, 스트레스, 작은 질병들, 인간관계에 지침, 일에 대한 욕심

컵(Cups)

컵은 여성성의 원소이며 4원소 중에서 물의 원소를 나타낸다. 물은 어디에 담기느냐에 따라 그 성질이 다르게 규정된다. 냄비에 담기면 음식이 되고 임산부에 몸에 담기는 안전하게 태아를 키우는 양수가 된다. 또한 한곳에 머물지 않으려는 속성 때문에 고정되어있지 않다. 끝없이 새로운 곳으로, 낮은 곳으로 흘러가고자 하는 근원적인 힘이 있다.

물의 원소인 컵은 인간의 감정을 상징하고 또한 인간관계를 상징한다. 우리 안에서 움직이는 감정은 어느 한순간도 하나의 감정에 매이지 않는다. 직장상사에게 치솟던 분노도 자신의 마음을 잘 알아주는 동료 앞에서는 봄눈 녹듯이 녹아서 분노와는 다른 감정 상태를 가지게 된다. 사람 사이의 관계 역시 고정불변이 아니며 유기체처럼 생로병사(生老病死)한다.

마음의 평화는 노력해야 얻어진다. 충만한 감정으로 쌓은 관계들 안에서 맘껏 풍요를 맛보자.

Ace of Cups

구름에서 나온 손위에 황금빛깔이 감도는 컵이 놓여 있다.

"내가 너희들에게 생명의 물을 주노니 이것으로 너희들은 울고 웃으며 충만한 감정을 느끼며 살지어다."하는 신의 음성이 들릴 듯하다.

이 카드는 정서에 새로운 장이 열리고 있다는 것을 보여준다. 종종 사랑에 도취된 상태를 상징하며 실연한 사람이라면 새로운 시작을 위한 준비가 되었음을 나타낸다. 또한 물의 원소인 컵은 다산을 의미하기도 하여 임신이나, 출산의 신호일 수도 있다.

♣ **키워드**

새로운 만남, 사랑, 출발, 이해, 기회, 기쁨, 비옥함, 충만함, 영적 깨달음, 만족스러운 상황, 이심전심, 좋은 운이 이미 시작됨

2 of Cups

머리에 화관을 쓴 남자와 월계관을 쓴 여성이 같은 크기의 컵을 마주하고 있다. 그들의 표정은 진지하다. 그들의 사이에는 소박한 집이 보인다. 그들은 무언가를 약속하고 있는 것 같다. 그들을 관장하는 날개달린 사자는 두 사람이 맺은 맹세의 증인으로 보인다.

내가 너희 둘의 약속을 지켜보고 있으니 서로의 감정에 솔직하길 바란다. 괴로울 때나 즐거울 때나 서로 감정의 수위를 맞추어 사랑하며 살기를 바란다. 사자의 표정은 주례자의 그것과 흡사하다.

여자는 두 손으로 컵을 들고 있으며, 남자는 왼손으로 컵을 잡고 오른손으로는 여자의 컵에 손을 대고 있다. 남성의 프러포즈를 연상시키는 이 카드는 의사소통과 남녀 관계의 서약, 공감 등을 상징한다.

♠ **키워드**

협력, 결혼, 사랑의 관계, 연애, 구애, 열정, 정서적 균형, 인간적 만남, 우정, 동료의식, 감사

---

3 of Cups

컵 2번이 결혼식을 연상시켰다면 컵 3번은 피로연을 떠오르게 한다.

세 여성이 부딪치고 있는 잔은 축배의 잔임을 알 수 있다. 세 여성은 화려하게 차려 입고 있으며 춤을 추는 듯한 동작을 하고 있다. 이 카드엔 즐거운 분위기와 즐거운 감정이 충분히 드러나 있다. 발 아래는 과일과 채소들이 넝쿨째 있다. 풍요로움과 넉넉함을 상징하는 카드이다.

음식과 술을 즐기는 그 자리에서 당신의 찌든 마음도 치유될 수 있다. 곧 잔치이다. 잔치에 초대된 우리들은 그 잔치를 축하하며 마음껏 즐기면 되는 것이다.

축제, 잔치, 휴가, 가족모임, 탄생, 세례, 약혼, 행운, 성공, 연휴, 기념일, 즐거운 재결합, 오래된 상처의 치유, 함께 즐기기, 성취

4 of Cups

한 그루 나무 아래에 한 남자가 팔짱을 끼고 앉아 자기 앞에 놓인 세 개의 컵을 바라보고 있다. 그의 오른쪽으로는 컵을 건네는 구름 손이 있다. 그런데 남자는 자신 앞에 놓인 세 개의 컵만 바라볼 뿐 누군가가 자기에게 건네는 그 컵을 바라보지 않는다.

숫자 4는 숫자 중에서 가장 권태로운 수이다. 정사각형이 상징하는 것은 안정성이다. 움직이지 않는 견고함을 상징하기에 이 컵의 주인공 역시 권태로움 속에 놓여있다고 볼 수 있다.

컵 2번에서 결혼을 한 주인공은 이제 익숙함 속으로 자신의 감정을 묶어놓고 그 안에서 움직이지 않으려한다. 새로운 것들이 들어오는 데도 불구하고 그것들을 외면하는 에너지가 전해진다. 그리하여 컵 4번은 정체기와 권태로움을 상징하기도 한다. 권태와 정체의 원인은 외부에 있는 것이 아니라 주인공 내부에 있다. 자신 안에서 흘려보내지 못하는 감정들에게 자신을 묶으려함으로써 스스로 권태 속에 갇히고 만 것이다.

♣ 키워드 ────────────
무관심, 새로운 기회가 와도 알아차리지 못함, 불만, 자기 연민, 나태함, 게으름, 우울, 일시적인 기분이상, 선택권, 단조로운 일상, 심드렁함

5 of Cups

　슬픔에 잠겨 고개를 숙인 검은 옷의 남자가 보인다. 상심이 없는 관계가 있을까? 우리는 늘 관계 속에서 울고 웃는다.

　내 인생의 첫 번째 등불은 고1때 만난 문예반 친구들이었다. 8명이 함께 시작하였으나 나를 포함한 네 명이 특히 더 친하게 되었다. 고2로 들어서면서 우리 넷의 이상한 행동은 도를 넘어섰다. 우리는 거의 매일 야간자습을 빼먹고 밖으로 나갔으며 일요일이면 산으로 들로 함께 나다녔다. 그 시절만 해도 코펠이나 버너가 귀했던 탓에 노란 양은냄비까지 싸들고 들로 산으로 돌아다니곤 했다.

　세 명의 친구들이 언제나 똑같이 나에게 가깝지는 않았다. 그것은 상황에 따라 달라지곤 했는데 부분 부분 나에게 투사되어진 친밀감은 각각 다른 각도에서 다가왔다.

　컵 5번 카드는 쓰러진 세 개의 컵에 실망하는 모습을 보여주고 있다. 자신의 등 뒤에 있는 두 개의 컵은 그의 관심에서 벗어나 있다. 상심이 올 때 우리는 우리에게 남은 자원을 보지 못한다. 사랑에 실패하고 실연의 상처에 눈물을 흘리고 있다가 그 슬픔에서 벗어나 세상을 보면 비로소 그때 알게 된다. 주변에 나를 이해해주고 나를 사랑해주는 사람들이 여전히 많음을 말이다.

　당신은 어디에 주목할 것인가? 쓰러진 세 개의 컵에 주목할 것인가? 당신을 여전히 믿고 지지하는 두 개의 컵에 집중할 것인가? 당신이 몸을 돌리는 데는 고작 1초도 안 걸린다는 것을 상기하길 바란다.

♠ **키워드**

실망, 실연, 후회, 상실, 이별, 과거를 놓아버리는 것이 어려움, 정서적 상실감, 강박관념, 슬픔, 불행, 고통스러운 경험, 좌절, 피곤함, 우울증

6 of Cups

이 카드는 일명 '아~, 옛날이여~' 카드로 과거와 회상을 종종 나타낸다. 우리를 일순간 동심의 세계로 초대하는 이 카드를 통해 우리는 순수함, 추억 그리고 미해결과제 등과 만나게 된다. 지금 꿈꾸는 것 역시 과거의 어떤 것에 걸려 있다는 것을 의미한다. 지금의 문제가 과거에 강한 뿌리가 있음을 드러내기도 한다.

회색 지붕은 오래되어 쇠락한 느낌을 준다. 이것은 오래된 시간 속에서 낡고 닳아버린 기억을 상징한다. 어린 시절이나 어린 시절의 상처, 어린 시절의 친구를 상징하며 지나간 감정들을 상징한다. 또한 그 과거의 경험이 다시 내 삶에 들어오는 것을 의미한다.

♣ **키워드**

옛 기억, 어린 시절, 향수, 어린이, 과거의 영광, 소망과 꿈, 당신 자신의 아이들, 교사, 멘토(mentor), 행복한 가족행사, 왕년에 난……

7 of Cups

구름위에 차려진 컵들 속에는 온갖 것들이 들어있다. 그러나 잘 차려진 7개의 컵들을 바라보는 것은 정작 그림자이다. 그리하여 이 카드는 일명 '헛되고 헛되도다' 카드이다. 어쩌면 우리가 쫓고 있는 것들은 이처럼 실체가 없는 망상과도 같은 것이기 쉽다.

7개의 컵에는 우리들이 추구하는 욕망들이 있다. 보석으로 상징되는 물질적인 부, 성(城)으로 상징되는 권력, 월계관으로 상징되는 성공이나 승리, 도마뱀과 뱀으로 상징되는 무의식의 작동이나 욕망, 미사포를 쓰고 있는 성모상으로 상징되는 처녀성과 종교성, 남자의 얼굴로 상징되는 사회적 관계 등이 컵에 담겨 있다.

좋은 것과 나쁜 것, 보물과 무서운 것이 우리들 눈앞에 있다. 반드시 좋은 보물을 선택하리라는 보장은 어디에도 없다. 그렇다고 망설이기만 하며 아무런 선택도 하지 않는다면 우리는 어떠한 성취도 맛볼 수 없다.

상상, 환상, 선택을 해야 함, 꿈과 아이디어, 공중누각, 혼란스러움, 우유부단, 백일몽, 수상한 행동, 사기 매매, 추한 거래, 속임수, 그림자

8 of Cups

이 컵의 주인공은 8개의 컵을 쌓는 데 최선을 다했다. 이러한 관계를 유지하기 위해 최선을 다했기에 이제 그는 또 다른 원소를 찾아가야 한다. 익숙한 것들과 결별을 해야 하므로 그의 발걸음은 무거울 수밖에 없다.

하지만 이 산을 넘어가면 새로운 원소들을 만날 것이고 그것에 대한 기대로 당신의 마음이 뜨겁다. 당신 안에는 이미 뜨거운 열정이 있으며 그것을 충분히 해낼 수 있는 성실함도 있다.

♣ **키워드**

과거를 뒤로 함, 실망, 환멸, 상황의 포기, 만족스럽지 못한 직장, 직업을 떠남, 우울, 피로, 애정을 잃은, 스트레스, 관계는 이제 충분해, 다른 원소를 찾아갈 거야, 또 다른 열정

9 of Cups

인적 네트워크를 나타내는 카드이다. 이 카드의 주인공은 이것을 이루기 위해 최선을 다했고 그 관계를 통해 자신을 충분히 실현시킬 수 있었다.

모든 인간관계를 망라하여 당신은 지금 자신을 중심으로 인적 관계망을 두루 형성하고 있다.

당신은 원하는 곳에 이르렀으며 유복하다. 당신은 충분히 자신만 만해도 된다.

소원 카드, 행복, 만족, 만사 OK, 실현, 풍요, 물질적 성공, 건강, 지나친 사치품, 나태함, 감각적인 쾌락, 꿈의 실현, 금전적인 소득, 사업 확장, 내적 만족, 긍정적인 에너지, 인적 네트워크, 관계의 달인

10 of Cups

이 카드를 보면 아이들의 행복한 웃음소리가 들리는 듯하다. 이 카드는 가화만 사성(家和萬事成)카드이다.

행복은 추구할 때만 가능하다. 여기에는 노력이 들어가 있고 의지가 들어가 있다. 우리가 가훈을 써서 액자에 고이 담아 집의 가장 좋은 곳에 걸어둔 이유는 무엇인가. 잊지 말자는 것이다. 뜻을 가슴에 새기고 그 길로 향해갈 때 우리는 모두 평온할 수 있다는 것을 나타내고 있다.

특히 가정에서 부부가 합심하여 좋은 상태를 이루고자 노력할 때 자주 나타나는 카드이다. 부부의 노력으로 아이들은 행복하게 웃을 수 있다. 둥글둥글하게 가정을 감싸는 즐거운 에너지가 나오는 카드이다.

행복한 가족 카드, 인관관계에서 오는 기쁨, 만족, 영구적이고 지속적인 행복, 감정의 조화, 번영, 가정의 행복, 원기 회복, 신용, 감사하는 마음

남성성을 나타내는 검은 4원소 중 공기를 상징한다. 공기가 있어서 우리는 숨 쉴 수 있으며, 그 숨 쉼으로 세상을 바라보고 생각하고 판단한다.

검은 생각을 나타내며 사람의 브레인 중 좌뇌를 상징하는 요소이다. 쉼 없이 사고하고 주지화하고 판단하고 예측하고 규제하는 정신노동자가 주로 쓰는 에너지라고 볼 수 있다.

지금까지 타로집단을 진행하면서 많은 사람들 속에서 네 가지 원소에 대한 이야기를 나누었을 때, 그야말로 가방끈이 긴 사람일수록 검의 요소가 많았다. 그들은 머릿속에 가득 찬 생각들을 어쩌지 못하고 불면의 밤을 보내며 존재의 불안으로 인해 과한 정신노동을 하고 있었다.

도대체 당신은 지금 무엇이 두려운가? 나 역시 같은 질문을 나에게 던지곤 한다. 내가 지금 두려워하는 것은 무엇일까? 사랑하는 사람을 잃을까봐, 내가 하고 있는 일에서 내가 제외될까봐, 내가 살고 싶은 대로 살 수 없을까봐, 더 근본적으로는 내가 살고자하는 것이 진심으로 내가 원하는 삶인가에 대한 의구심으로 나는 두렵고 불안하다. 내가 구축한 물질적, 관계적, 심리적 틀을 내가 부술까봐 나는 두렵다. 나는 스스로에게 또 묻는다. 정녕 그것이 두려운 것인가? 이렇게 묻고, 묻고, 다시 물을 때 검은 그것에 대해 정확한 판단을 내려주는 카드이다.

Ace of Swords

"내가 너희들에게 생각할 수 있고 판단할 수 있는 에너지를 주노니 이를 세상의 이로움에 쓰도록 하라."

칼을 굳건하게 잡고 있는 구름 손이 보인다. 칼끝이 왕관을 관통하고 있다. 검은 사고(思考)를 뜻하므로 검의 에너지는 가장 빨리 움직이는 에너지일 수 있다. 우리 머리 안에서 일어나는 생각들은 시공을 초월하며, 찰나적이고 순간적이어서 오래 붙잡을 수도 없는 에너지이다. 한시도 생각은 우리 머리를 떠나지 않으며 몸은 여기에 있지만 우리의 생각은 어디에 있는지 모른다. 그러니 먼저 지금-여기에 집중하라. 마인드풀니스(mindfulness)*하라.

구름 손에서 내온 칼은 명징해 보인다. 명쾌해 보인다. 무언가를 정확하게 관통해내는 에너지다. 이를테면 외과의사가 수술부위에 정확하게 칼을 대는 것을 말한다. 우리는 명징한 사고의 능력을 선물로 받았다. 이를 어떻게 쓸 건가는 순전히 우리의 몫이다.

♠ **키워드**

직관, 목표의 달성, 의지, 용기, 지능, 착각을 베어버림, 이해, 아이디어, 믿음, 주도권, 새로운 기회, 최첨단 기술, 결단력 있는 성격, 극단적인 감정, 환영을 베어 버림, 일소하다

2 of Swords

여자로도 남자로도 성별을 확인할 수 없는 카드 속의 그는 심각하다. 잔잔한 바닷가에서 신새벽에 두 눈을 가리고 두 칼을 교차하며 그는 고요히 생각에 잠겨있다. 무엇이 그를 이 깊은 밤 강가로 인도했을까? 그는 잠들 수 없는 양극의 에너지로 심각하다. 이를테면 이런 것이다. 그녀와 헤어질까? 헤어지지말까? 똑같은 문제로 이러지도 저러지도 못하는 5대5의 상황. 결정의 에너지가 필요한 상황이다.

사람은 이러지도 저러지도 못할 때 가장 힘들다. 당신은 지금 갈등의 끝에 서 있다. 두려움을 극복하고 결정을 해야 한다. 49대51일 때 우리는 고민하지 않고 무언가를 선택할 수 있다. 그 선택을 즐거이 따를 수 있다. 겨우 두 개의 차이로 우리는 무언가를 선택하고 그 선택에 만족하는 것이다.

갈림길, 망설임, 갈팡질팡, 선택을 미룸, 일시적인 중단, 타협, 궁지에 몰림, 두려움, 막다른 골목, 외면, 인내, 어색한 휴전, 신용채무, 억눌린 감정

3 of Swords

심장에 세 개의 칼이 박혀있다. 시쳇말로 '허걱'이다. 아프다. 이 카드를 뽑았던 경험이 있는 사람은 알 것이다. 이미 자신 안에서 돌고 있는 상심의 소용돌이를.

이 검 세 개가 의미하는 것은 일, 사랑, 자신 등 내 안에 있는 세 개의 주된 생각이다. 어느 것 하나 소홀할 수 없는 큰 문제이므로 힘이 드는 것이다. 이 카드는 주된 세 가지 생각이 주는 심장의 압박을 드러내는 카드이다.

가슴이 찢어지는 슬픔과 고통 속에 머물기만 하면 당신의 회복은 더딜 것이다. 이 카드는 상심한 자기 내면의 목소리에 귀를 기울여야 한다는 것을 보여준다. 빨리 상심을 털고 앞으로 나아가야 할 때다.

♣ **키워드**
비탄, 상실, 실망, 깨져버린 관계, 격렬한 감정, 나쁜 영향, 삼각관계, 이혼, 별거, 압박감, 상심, 포기

4 of Swords

가슴에 꽂힌 세 개의 칼을 경험하면 응당 보신할 시간이 필요하다. 상처에 약을 바르고 그 상처에서 새살이 돋기를 기다려야한다. 그러나 여전히 내 머릿속은 복잡하고 답답하다.

세 개의 칼을 머리맡에 둔 그림 속의 전사는 하나의 칼을 곁에 내려두고 가슴에 손을 모으고 있다. 기도하는 마음으로 쉬고 있다. 이 카드의 키워드는 잠깐의 휴식이다.

이런 스토리를 생각해보자. 이 카드의 주인공은 중세의 기사였다. 중세에는 전쟁이 많았다. 3박4일 쉬지 않고 전쟁을 치르다보니 이제 칼을 들 힘도 남아있지 않다. 안전한 장소에서 휴식을 취해야 다시 싸울 수 있다. 그래서 기사는 성당으로 보이는 장소에서 잠깐 단잠에 빠져있다. 하지만 이 잠은 깊은 숙면이 아닌 긴장감이 전해지는 잠이다. 밖은 지금 한창 전쟁 중인데 눈꺼풀이 자꾸만 감기는 상황에서의 쪽잠이다.

아이스크림 튀김처럼 뜨거우면서 차가운 양극 대비의 긴장감이 전해지는 카드이다.

♣ **키워드**

유폐, 입원, 감금, 일정 기간의 휴식, 회복, 조용한 휴양, 일시적인 활동 중단, 무력감, 병의 회복기, 일상에서 벗어난 시간, 은둔, 잠시 쉬거나 다른 일에 집중함, 무소식이 희소식, 휴식이 필요, 심리요법

5 of Swords

비열한 승리를 나타내는 카드이다.

이 카드의 등장인물은 셋이다. 카드 앞에 있는 칼을 든 사람이 승자로 보인다. 승자의 곁눈질에 들어오는 두 명의 고개 숙인 사람은 패자로 보인다.

당신은 지금 누군가를 베었다. 당신이 베고서 빼앗은 칼들은 누군가에겐 참으로 소중한 것일 수 있다. 패자는 깊은 슬픔에 빠져 있다. 진정한 승자는 패자 슬픔을 아우를 수 있어야 한다.

들고 있는 칼들을 내려놓고 칼을 빼앗긴 자의 마음에 눈길을 두라. 그 마음에 정성을 보여라. 그리하면 당신이 벤 그것에서 꽃이 피어날 것이다. 누군가로부터 빼앗아 온 그것이 결국 당신을 겨누고 당신의 폐부에 박혀 심각한 상처를 입힌다는 것을 잊지 말자. 승자가 되었다면 패자에게 다가가라. 그의 아픔에 위로의 손길을 보내길 바란다.

♣ **키워드**

비열한 승리, 공허한 승리, 자기기만, 타인기만, 불공정한 방법으로 승리, 배반, 위험으로부터의 도피, 원칙의 철회, 법정투쟁, 해고, 실패, 극도로 예민함, 자기파괴적

6 of Swords

많은 것을 빼앗긴 가족은 나룻배를 타고 이제 어디론가 떠난다. 전쟁이 없는 곳, 갈등이 없는 곳, 지금보다는 평화로운 곳으로 가야 한다.

배의 오른쪽에는 물결이 있으나 왼쪽에는 평온 그 자체로 아무런 움직임이 없다. 풍파를 겪어온 그들은 묵묵히 안전한 곳을 향해간다. 이 카드는 일명 '여행 카드'라고 불린다.

당신이 세 사람 중 누구로 보이는가가 이 카드를 리딩할 때 중요하다. 뱃사공으로 보인다면 본인의 주도하에 당신이 원하는 방향으로 지금보다 나아진 곳으로 가는 것이나, 뱃사공 앞에 앉아있는 여인과 아이로 보인다면 누군가의 도움이 필요하다는 것을 보여준다. 누군가에 의해서 좀 더 안전한 곳으로, 유연한 생각으로 이동해갈 수 있다는 의미다.

♣ **키워드**

여행, 이동, 이직, 이사, 전환점, 상황의 개선, 새로운 방향, 희망, 과거로부터의 분리, 도움의 손길

7 of Swords

이 카드의 주인공은 전문 광대이다. 그가 입고 있는 옷은 화려하다. 그의 발 아래로는 천막들이 펼쳐져있고 고요하다. 다른 사람들은 저녁공연을 위하여 낮잠을 자며 휴식을 취하고 있을지도 모른다.

우리의 주인공은 맨손으로 검을 쥐고 콧노래를 부르며, 살금살금 어딘가로 가고 있다. 경쾌한 에너지가 전해지는 그의 행동은 다른 사람들에게 웃음을 줄 수 있다. 몰래 잔꾀를 써 상황을 피하지만 맨손으로 잡은 손끝에서 피가 뚝뚝 떨어질 게 분명하므로 안쓰럽기도 하다. 안타까우면서도 미소를 짓게 하는 에너지가 있는 카드이다.

'눈 가리고 아웅' 하는 게 아니라 단호하게 상황에 직면하는 게 중요하다.

경쾌함, 미소짓게 하는, 이용당함, 위협, 신중하게 하라, 불신, 불필요함, 비밀스런 사람, 사기, 미숙한 음모, 대담한 행동, 솔직한 감정을 숨김

8 of Swords

자기 두려움 속에 갇혀있는 카드이다. 누군가에 의해 돌돌 말려서 검들 안에 갇힌 것이 아니라, 자신의 사고의 틀에 스스로 갇혀서, 저 홀로 들판에 나와 시린 바람과 맞서고 있는 것이다. 누가 그런 게 아니라 스스로 눈을 가리고 스스로 몸을 묶어 뒤로 잡고 있는 것이다.

검에 에워싸여 있는 이 카드는 가진 것이 많을수록 걱정과 자기 방어가 크다는 것을 보여주기도 한다.

이 카드를 뽑은 당신은 자기 두려움이 크다. 뒤로 붙잡고 있는 걱정과 불안의 끈을 놓아보는 노력을 하자.

이 주인공의 뒤쪽에는 물질적으로 넉넉함을 상징하는 빨간 지붕이 보인다. 스스로 묶은 끈을 놓고 뒤돌아서 안전한 곳, 여유로운 곳으로 돌아가 보는 건 어떨지. 당신의 두 발은 자유로이 움직일 수 있으니.

두려움, 내 안에 갇힌, 장애물, 정신적 감옥, 공포, 불안, 좌절감, 변화를 주기 어려움, 미지의 세상이 지닌 가능성을 거부함, 불운, 부정적인 믿음

9 of Swords

한 여자가 잠에서 깨어나 얼굴을 감싸고 있다. 악몽에서 깨어난 건지 걱정과 불안으로 잠 못 이루는 건지 알 수 없다.

스트레스와 불면의 에너지가 전해진다. 생각이 생각을 낳고 그 생각이 근심과 걱정을 낳아서 머릿속을 가득 채운다.

이 카드를 고른 당신은 이제 생각을 내려놓아야 한다. 생각을 비워라. 편안하게 잠들 수 있는 조건이 되었음에도 불구하고 당신의 머릿속에 가득 찬 생각들로 인해 당신의 밤은 길고 까칠하고 우울하다.

♣ 키워드
걱정, 불안, 불면의 밤, 스트레스로 인한 악몽, 상황 악화, 정신적 고뇌, 우울, 깊은 슬픔, 공황상태, 삶의 그림자와 정면으로 마주하라, 자기 회의, 실망, 수치심

10 of Swords

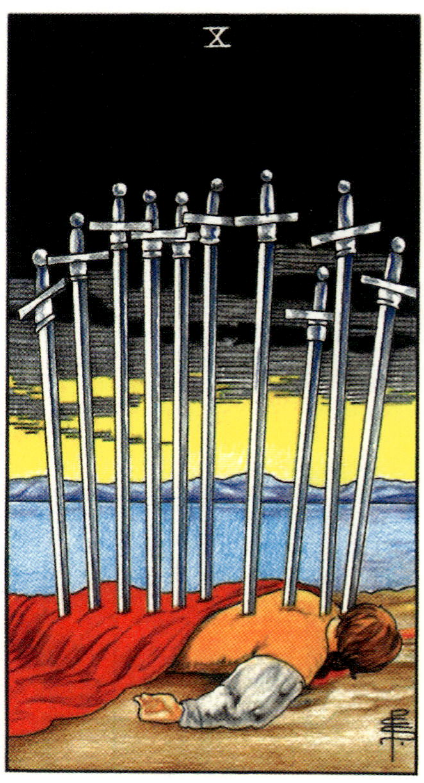

　등에 열 개의 검이 꽂힌 채 한 사람이 누워있다. 그의 표정을 볼 수는 없지만 동이 터오는 새벽을 맞이하여 황홀한 듯 '끝이야. 이제 새롭게 시작해야 해'라고 외치는 듯한 에너지가 전해진다.

　끝과 시작의 카드이다. 죽음과 재생의 카드이다. 하나의 완성을 이루고 새로운 시작을 약속하는 카드이다.

끝과 시작, 동터옴, 변화를 강요, 어떤 상황의 마지막 단계, 극적인 종말, 종결, 배반, 불운, 손실, 직급이 떨어지거나 해고, 큰 상처, 몰락한 상황, 재앙

펜타클(Pentacles)

여성성의 원소인 펜타클은 지구를 구성하는 네 가지의 원소 중 흙의 원소를 상징한다.

흙은 공기와 불과 물의 속성 중에서 가장 안정적인 속성을 갖고 있다. 그래서 대지를 어머니의 품으로 비유하기도 한다. 우리가 지금 두 발을 딛고 서있을 수 있는 것도 땅이 있어 가능한 것이다. 흙은 우리 삶의 기반이며 생명의 원천이다. 안정적인 것 위에서 우리는 어떤 것을 키워낼 수 있다. 비옥한 토양에서라야 우리는 우리가 원하는 수확을 기대할 수 있다.

보통의 농부는 땅에 콩을 심고 가꾸어 콩이라는 수확물을 얻는다. 그런데 요즘 부모들 중에는 콩을 심어놓고 때론 팥이 나오기를 기다리는 경우가 있다. 그 밭에서 나온 콩을 팥이 아니라고 구박하기까지 한다. 우리는 이런 사람을 병든 사람이라 한다. 이상한 사람이라 한다.

아무리 비옥한 땅이 있다 해도 이상하게 탐욕스러운 농부에게서는 풍성한 수확물을 기대하기 어렵다는 점을 명심하자.

Ace of Pentacles

구름 손이 펜타클을 내밀고 있다. 동그란 그것은 황금처럼 보이기도 하며 동전처럼 보이기도 한다.

기분 좋은 에너지가 느껴진다.

"자, 여기 내가 너희들에게 비옥한 흙을 주노니 이를 가지고 세상의 온갖 좋은 것들을 빚어라."

월급이 오르거나 뜻밖의 돈이 들어오거나 유산을 받거나 복권에 당첨되는 등의 돈과 함께하는 새로운 출발을 나타내는 카드이다. 혹은 돈이 될 만한 큰 선물을 받는 걸 의미하기도 한다.

♣ 키워드

보상, 사업과 재정의 출발, 선물, 결과물, 수확물, 세속적인 지위, 성취, 물질의 획득, 번영, 성공, 건강, 영양공급, 벤처사업, 부동산, 물질적인 행복, 정신적인 행복

2 of Pentacles

펜타클 2번의 인물은 어린 광대거나 견습 광대로 보인다. 오늘 밤에 무대가 설치되고 삼삼오오 이 무대를 구경하러 사람들이 몰려들 것이다. 그 사람들에게 이 어린 광대는 무언가 자신의 재능을 보여줘야 한다. 그래야 본 무대가 펼쳐지기 전에 사람들의 시선을 붙잡아둘 수 있으며, 관객 정돈을 이끌어낼 수 있다.

그러려면 어린 광대는 자신의 감정을 추스르고 하기 싫어도 오늘만은 연습을 해야 한다. 놀고 싶은 맘, 하기 싫은 맘이 들어도 자신의 감정을 잘 추슬러 훈련을 해야 한다. 목표를 향해 지금 이 시간을 희생하여 자신을 갈고 닦으면 당장 오늘밤 오프닝 무대에서 어린 광대는 박수를 받을 것이다. 몇 명의 꼬마 팬들이 생길 수도 있다. 하지만 노력을 하지 않고 자신의 감정대로 이끌려 놀러나간다면 오프닝 무대에서의 망신은 물론이고 이 무대를 관장하는 단장으로부터 매를 맞을 수도 있다.

그러므로 펜타클 2번이 나왔다면 실제적인 눈에 보이는 결과를 향해 자신의 감정을 다스리며 그것에 전념하라는 의미다. 노력하면 그 능력이 무한해짐을 상징하는 카드이다.

나는 지금도 타로카드를 펼치면 이 카드가 자주 등장한다. 아마도 나가서 놀고 싶거나 누군가와 감정을 나누며 소통하고픈 마음이 크다는 것을 드러내는 것이리라. 그러나 어쩌랴. 하는 일이 상담이니 앉아서 자신을 들여다보는 작업, 읽고 쓰며 내 안을 채우는 작업을 하지 않는다면 내 앞에 누가 내담자로 앉겠는가?

당신의 능력을 더 갈고 닦아야 한다. 당신은 실질적인 것을 양손에 들고 있다. 힘들다고 이것을 내던질 것이 아니라 잘 다루어가는 것이 관건이라고 일러주는 카드이다.

♣ 키워드

균형, 융통성, 평형 상태, 두 가지 일, 복잡한 일, 유동적, 스트레스, 감정조절, 같이 하면 더 좋음, 일도 하고 놀기도 하고

3 of Pentacles

이 카드의 펜타클엔 노란 불이 들어와 있지 않다. 그래서인지 이 카드는 눈에 잘 들어오지 않는 카드이다.

펜타클 3번 카드의 핵심은 협조와 공조, 타협과 팀 작업이라 볼 수 있다.

이 카드에도 세 사람이 등장한다. 이런 이야기를 상상해보자. 오래전부터 숙원 사업이었던 성당을 개축하려고 한다. 그래서 세 사람이 모였다. 이들의 목표는 같다. 아름답고 훌륭한 성당을 건축하려는 것, 이 목적은 같지만 성당을 짓고자하는 방향은 다를 수 있다. 의자 위에 올라가 있는 사람은 건축가 쯤으로 보인다. 이 인물은 당대의 유행하는 건축양식을 이용해서 성당을 짓고자 할 것이다. 오른쪽에 하얀 옷을 입고 있는 사람은 신부님으로 보인다. 그는 수행하기에 좋은 측면을 염두에 두고 성당을 짓고자 할 것이다. 머리에 땡땡이 두건을 쓰고 있는 사람은 신도회장 쯤으로 보인다. 이 여성은 성당을 이용하는 신자들의 입장에서 성당을 짓고자 할 것이다. 성당을 짓겠다는 목적은 같아도 각자의 입장에 따라 바라보는 관점이 다를 수 있다. 이 세 가지의 입장을 잘 조율하고 맞춰가면 그 어떤 성당보다 훌륭한 성당이 세워질 수 있을 것이다. 그 훌륭한 결과를 얻었을 때 펜타클의 노란 불이 환하게 들어올 것이다.

기꺼이 조율하라, 그러면 더 넓어질 것이다.

♣ **키워드**

프로젝트, 셋 이상의 조율, 팀 작업, 뛰어난 건축가, 승진 대열, 인간관계가 성숙

4 of Pentacles

한 사람이 있고, 네 개의 펜타클이 그에게 붙어있다. 이 카드엔 자기가 가진 것으로부터 한 발짝도 나서지 않으려고 하는 에너지가 있다.

전전긍긍하지 말고 마음의 문을 열어라. 자신의 능력을 믿어라. 당신이 들고 있는 것을 내려놓아도 당신의 삶은 안전하고 당신의 능력은 안녕하고 당신의 부는 풍요롭다. 당신이 발과 손과 머리로 잡은 것을 내려놓지 않으면 당신의 삶은 고루하고 괴팍해질 것이다.

과함이 모자람만 못한 경우가 많다. 탐욕은 결국 당신을 고립시키고 당신을 외롭게 할 것이다. 당신이 갖고 있는 것, 그게 열정이든, 돈이든, 관계든, 마음이든, 나누어야 함을 믿어라. 당신은 많이 가진 자다. 에너지가 잘 흐르려면 적당히 놓아야 한다. 그래야 당신이 가진 그것들이 그대로 당신에게 기쁨으로 흘러들어갈 것이다.

♣ 키워드

강한 소유욕, 변화를 두려워 함, 현상유지, 물질적 소유물, 안전한 환경, 절약, 이기주의, 인색함, 방어적, 구두쇠, 마음 열기

5 of Pentacles

눈 내리는 바깥에 두 명의 걸인이 있다. 교회의 창문에 다섯 개의 펜타클이 그려져 있다. 이 카드는 플리즈please와 땡큐thank you를 배울 수 있는 카드이다.

불쌍함이 새어나오는 카드이다. 당신이 가는 그 길은 고난의 길이다. 그러나 당신 스스로가 가고자하는 길임을 알아야할 것이다.

나와라. 굳이 눈보라치는 그 길을 가지 않아도 괜찮다. 굳이 가고 싶다면 잠깐만 쉬었다가 가라. 따뜻한 물 한 잔 마시고 숨 한 번 쉬고 떠나도 된다.

♣ 키워드

고난의 행군, 하우스푸어, 경제적 위기, 일시적 어려움, 불운의 막다른 골목, 실업, 비용이 많이 드는 질병, 무시당함, 버려진 느낌, 실직 상태, 불안정한 고용 상태, 스트레스가 극에 달함

6 of Pentacles

저울을 든 거만한 표정의 남자는 저울위에다 무언가를 올려놓고 비교하면서 자신의 발 아래 있는 두 사람의 속을 태우고 있다. 무릎을 꿇고 저울 든 사람에게 손을 내밀고 있는 두 사람 중 그래도 한 사람은 무언가를 그에게서 받는다.

저울을 든 사람이 자신의 기준에서 분배와 자선을 행하므로 수평적인 에너지를 가지고 있지 않다. 자신이 아닌 상대와 눈높이를 맞출 필요가 있다.

도움을 주고받음, 대출, 사회지원금, 학비보조금, 장학금, 선물, 유산, 사업 제안, 돈 많은 조력자, 위로, 채무상환, 거만함, 눈높이를 맞추라

7 of Pentacles

젊은 농부가 자신이 일구어놓은 포도밭을 바라보고 있다. 자신이 지금까지 땀 흘려 일구어온 포도밭을 보며 그는 아직 부족하다는 느낌도 가질 것이지만, 또 한편으로는 그만 하고픈 마음도 있을 것이다. 농부가 포도밭을 일구는 것은 땀 흘리는 기쁨만을 위해서는 아닐 것이다. 포도라는 수확물을 얻기 위해서 밭을 일구는 것이 주 목적일 수 있다.

아직 열리지 않은 포도밭에서 망설이고 있는 에너지가 보이는 카드이다. 지친 요소가 있거나 조금 더 힘을 내야하는 상황일 수 있다. 자신에게 격려와 용기를 주어야한다.

현 상황을 점검, 목표나 꿈, 관계, 생활양식을 재평가, 망설임, 뒷심부족, 재충전, 식이요법, 운동, 힘든 노력의 보상

---

8 of Pentacles

전문가 카드이다. 장인으로 보이는 한 남자가 열중하여 자신의 펜타클을 만들고 있다.

그에게선 평화롭고 여유로운 집중의 에너지가 느껴진다. 자신의 일에 열중한 그에게는 자부심이 엿보인다. 일 자체가 주는 즐거움이 있으며 이것으로 인한 소득과 소득에서 오는 안정감이 동시에 느껴지는 카드이다.

전문가, 장인, 교육, 기술 연마, 재능, 전문적 기술이나 지식, 고된 노력, 실용적인 생각, 진급, 새로운 기획, 새로운 책임, 자부심

9 of Pentacles

'골드미스 다이어리'를 생각나게 하는 카드이다.

카드속의 여인은 중세 귀족신분으로 보인다. 당시 귀족신분의 여성들은 취미활동으로 매사냥을 했다고 한다.

포도넝쿨이 풍성한 농장의 소유주인 이 여성은 자신의 윤택한 생활에서 무엇 하나 아쉬운 것이 없음을 보여준다. 이 카드는 자신의 삶을 자기 뜻대로 즐긴다는 것을 보여준다.

안전한 생활방도를 마련해 둔 당신은 현재를 충분히 즐기며 멋지게 잘 살고 있다.

♣ **키워드**

물질적 평안, 경제적 안정, 내적 평화, 혼자라도 외롭지 않음, 개인적 환경, 정원, 반려동물, 편안한 생활방식, 자영업, 순탄, 평안함, 부동산 투자

10 of Pentacles

할아버지, 부부, 아이들, 애완견 등이 풍요로운 배경에 둘러싸여 있다. 풍요와 안전을 나타내는 카드이다.

물질의 완성은 풍요로움을 주고 그 풍요로움은 서로 나누어 쓸 때 더 커진다. 사랑하는 사람끼리 더 나누면 나눌수록 더 여유로워진다는 것을 의미한다.

컵 10번 카드가 가화만사성(家和萬事成)을 이루기 위해 부단히 노력하는 카드라면 펜타클 10번 카드는 그 결과로 얻은 물질을 나누고 공유할 때 더 풍요로워진다는 것을 의미한다.

♣ **키워드**

경제적 번영, 가정, 가족생활의 튼튼한 기초, 좋은 변화, 부동산의 유리한 매매나 구입, 풍족함, 풍요와 안정, 건강함, 공동체, 유산(遺産)

마이너 카드와 숫자

전통적인 의미에서 숫자는 우주에 구조를 부여하는 근본적인 조직 원리로 해석하는 경우가 많다. 숫자는 보편적인 창조모형들로 보이는데 이념적 전형(典型)과 신들을 상징적으로 나타낼 수 있다. 동식물의 삶, 계절과 행성의 움직임도 숫자적 관계에 의해 다스려지고, 수정의 형태, 음악의 화성 등 역시 숫자의 법칙에 의해 결정된다.

유니버설 웨이트 타로의 마이너 카드는 네 개의 슈트(suit)로 나누어져 있으며 각각의 슈트는 에이스로 시작하여 10으로 마무리된다. 그 각각의 숫자적 의미를 살펴보면 다음과 같다.

에이스 는 숫자 1에 해당한다. 숫자 1은 하나, 곧 '오로지(only)'이며 유일한 것을 의미한다. 왕관에 해당하며, 슈트들의 근원이다. 태양을 상징하므로 모든 시작과 끝을 나타내는 수이다.

에이스는 어떤 상황이 태동하고 있다는 걸 알려준다. 이미 일이 시작되었다면 초기 단계를 의미한다. 또한 새로운 아이디어, 창조력, 잠재력, 활동의 근원, 원시적인 충동들과 결의 등을 나타내는 수이다.

2 는 지혜를 상징한다. 하나에서 둘로 갈 수 있는 것은 나를 비추는 거울이 생긴 덕이다. 타인이라는 거울, 내가 바라보는 사물이라는 거울이 생긴 것이다. 그러므로 2는 의사소통과 상호관계의 문제를 다룬다. 그와 그녀와 혹은 그것과의 협력관계, 양극단에 놓인 힘들의 균형과 조화, 이원성, 선택과 결정, 갈팡질팡, 기다리는 시간, 일시적 중지, 이중성, 연결, 대화 등을 나타내는 수이다.

숫자 2는 결정의 시기와 선택의 지점을 나타내기도 하며 이원성과 연합 사이에서 균형을 찾을 시간임을 나타낼 때도 있다.

3 은 전통적으로 완성의 수로 알려져 있다. 협력과 균형의 수인 2에서 하나가 더 첨가된 까닭에 긴장감을 나타낼 수 있다. 모색의 기회일 수 있으며

성장할 수 있는 시간, 창조성을 발휘할 수 있는 기회를 나타내기도 한다. 종합, 성장, 창조성, 풍부, 협동, 우정, 예술적 표현, 계획 수정, 행동을 위한 준비 등을 드러내는 수이다.

목표의 초기성취를 의미하기도 하는 3을 읽을 때는 단결과 단체 활동이 강조된다. 진행 중인 일을 이 단계에서 협력하여 수정하라.

4는 최초의 입체수로 구조의 완성을 의미한다. 훈련, 일, 질서, 안정성, 견고성, 현실적 성취, 실제적 달성 등을 나타내는 수이다.

4에서는 3의 수준에서 상상하고 계획한 것들이 구체화되기 시작한다. 당신의 기초는 안정적이고 견고하다.

5는 신체를 상징하는 수이다. 5는 인간의 시간을 상징하며 우리를 물리적 현실로 데려가 삶이 우리에게 가져다 줄 수 있는 모든 문제에 맞닥뜨리게 한다. 갈등의 수이다.

5의 단계에선 변화가 필요하다는 것을 보여준다. 4의 수준에서 구체화되기 시작한 모든 것에 대한 조절 및 미세 조율, 불확실성을 예상하되 그것 역시 지나갈 것임을 알자.

새로운 주기, 변화, 전진, 이동, 조정, 미세조정, 불안정, 도전, 다양성, 자유, 용기 등을 나타내는 수이다.

6은 5의 수준에서 나타난 도전에 맞서 승리하는 단계를 의미한다. 조화와 균형이 나타난다. 용기를 내라. 생각하는 것보다 목표에 가까이 왔다.

6은 균형, 건강, 변화에 직면해서의 조화, 만족, 이완, 소원성취, 마음의 평정 등을 의미하는 수이다.

7은 천상의 숫자 3과 대지의 숫자 4의 합으로 대우주와 소우주를 나타낸다. 신과 인간의 관계를 표현해준다. 신은 세상을 7일 만에 창조하였고, 인간을 신으로부터 갈라놓은 7대 죄악이 있으며 인간이 신으로 돌아가기 위해서는 7단계인 일곱 가지의 천국이 있다고 한다.

6수준의 세속적인 문제들에 맞서 승리한 7에서는 수많은 기회들이 당신에게 열린다. 한 주기가 끝이 났다. 새롭게 파이팅을 해야 하는 시간이 오고 있다.

영성, 지혜, 완전한 질서, 대우주, 종교, 행운, 마법, 다양한 선택 등을 나타내는 수이다.

8 에서는 기존하는 것의 강화와 기존하는 것으로부터의 이탈이 동시에 나타난다. 그리하여 합일점인 가운데 하나를 향한 움직임이라는 주제를 만나게 된다. 당신이 유지할 것과 버릴 것을 결정하기위해 7수준에서 경험한 선택들을 정리하는 단계임을 보여준다.

8은 재생, 부활, 재평가, 갈무리, 우선순위 정하기 등을 의미하는 수이다. 재생과 새로워짐을 생각하라.

9 는 끝맺기, 통합, 이동, 유연성, 성취, 달성의 수이다. 파괴되지 않는 완전한 수라는 의미가 있다.

당신은 8의 수준에서 만났던 상황들을 완성하고 그 상황들을 당신의 삶 속에서 통합한다.

10 은 완성의 수이다. 1과 0으로 구성된 10은 첫 번째 원인(1)과 무한대(0)의 결합을 의미한다.

변천, 새 주기로의 일신, 완성, 완전, 숙달, 초과, 과잉 등을 나타내는 10에서는 새로운 어떤 곳으로의 이행, 종결, 새로운 시작을 위한 준비 등이 이루어진다.

궁정카드

IV

궁정카드는 인물의 성격을 나타내는 카드이다. 시종(Page), 기사(Knight), 여왕 (Queen), 왕(King)의 네 캐릭터가 네 원소인 지팡이, 컵, 검, 펜타클을 들고 등장한다. 궁정카드의 의미는 대략 세 가지로 해석될 수 있다. 카드 속 인물은 내가 아닌 다른 사람, 상황, 나 자신의 성품의 측면을 드러낼 수 있다.

타로카드 중에서 해석하기가 가장 어려운 카드이므로 궁정카드 읽기에서는 그 의미를 잘 파악하는 것이 중요하다. 이 16명의 인물은 우리의 삶 속에서 실제 일어나는 사건 사고들, 사람들의 속성이나 생각들을 표현하고 있다고 볼 수 있다. 우리 인생이 그러하 듯 궁정카드를 잘 읽기 위해서는 수없이 넘어져야 한다. 끊임없이 카드읽기를 시도하 여 실수를 줄이고 이해의 폭을 넓혀야 한다. 그래야 이 인물들이 당신이 지금 묻고 있 는 주제와 어떻게 다채롭게 연관이 되는지를 통찰해낼 수 있다.

궁정카드의 구성과 의미

　사람들의 몸과 마음 안에는 아이(시종), 청년(기사), 어머니(여왕), 아버지(왕)가 동시에 들어있다. 유니버셜 웨이트 타로의 마지막 부분을 장식하는 궁정카드는 인간의 사계절을 나타낸다. 인생의 봄, 여름, 가을, 겨울을 의미할 수 있다. 또한 궁정카드의 네 가지 캐릭터는 인격의 성숙 정도를 나타낼 뿐만 아니라 일의 진행에서의 정도를 나타내기도 한다.

　이를테면 이제 막 회사에 취업한 사람의 경우 우리는 '시종'에 해당한다고 할 수 있고, 회사에서 어느 정도 업무를 파악하고 그 업무에 집중하면서 열심히 일하는 에너지는 '기사'에 해당한다고 볼 수 있으며, 기사를 지나 어느 정도 직위에 오르고 신입사원과 부서의 사람들을 챙겨야하는 위치에 있다면 '여왕'의 에너지에 이른 것이고 최고의 자리에 오르거나 결정을 내릴 수 있는 자리에 있을 때 우리는 '왕'의 위치에 있다고 할 수 있다.

　네 장의 카드 중 어느 에너지에 집중되어 있는가는 내가 네 캐릭터 중 누구와 주로 소통하는가를 통해 알 수 있다. 이 글을 쓰고 있는 나는 주로 시종의 에너지로 타인과 소통을 한다. 때로는 기사의 에너지로, 또 다른 축에선 여왕의 에너지로 일을 하고 있는데 왕의 에너지는 좀처럼 만나기 어렵다.

시종(Page)은 젊음을 나타낸다. 대부분 당신보다 어린 사람을 가리키지만 어린이란 뜻은 아니다. 장성한 아들딸에게서도 이 카드는 나타난다. 또한 당신보다 나이는 많지만 미숙한 사람을 나타내기도 한다.

대체로 학생을 상징하며 열정의 뜨거움으로 사랑을 시작하여 그에 대한 생각과 기대로 무언가를 꿈꾸며 배우는 신분을 나타낸다고 볼 수 있다.

경이롭고 즐거운 에너지를 가지고 있으며 일의 상황을 나타낼 때엔 아직 초기 단계에 있는 상태임을 보여주는 캐릭터이다.

Page of Wands

내 시작은 미약하나 내 끝은 창대하리라.

이 소년의 꿈은 원대하다. 가령 이렇다. 내가 이 사막에 이 나무를 심어서 언젠가 이 사막을 숲으로 바꾸어놓으리.

직관적이고 본능적이어서 눈치가 빠르고 섹시한 구석이 있으며 단순하면서 열정적이어서 천진한 면을 갖고 있다. 호기심을 갖고 덤비지만 그 결실을 맺기에는 열정만 뜨겁다.

이 인물은 열망으로 들떠 있으며 오로지 자신의 열망을 향해 모든 에너지를 집중하고 있다.

지팡이는 지구의 원소 중 불의 원소이므로, 진보적이며 미래지향적인 성향을 나타낸다. 다시 말하면 창조적인 에너지가 있다고 볼 수 있다. 지금 당신에겐 뜨거운 열정으로 무언가에 몸을 던져 무언가를 만들어내려고 하는 에너지가 있다.

♣ 키워드

새로운 활동을 시작함, 열의, 발현, 꿈의 기초, 활동의 시작, 첫 삽, 새로운 기회, 프로그램의 시작, 심리적 계절은 봄(spring)

Page of Cups

컵의 시종은 즐거움의 상징이다. 교류분석에서 이야기하는 '즐거운 어린이 자아' 에너지가 꽉 찬 인물이다. 이 소년은 꿈 많고 끼 많고 감성이 풍부하다. 따라서 이 소년은 누구에게나 열려있으며 누구에게나 다가가서 즐거움을 전해주려 한다.

자신의 생각과 소망 그리고 사랑에 비교적 솔직하게 자신의 감정을 표현하는 인물이다. 이 인물은 호기심이 많으므로 한 곳에 머물기를 주저하며, 자신의 감정이 움직이는 대로 흘러간다.

소년이 컵 안에 들고 있는 물고기는 영적인 정신세계를 상징한다. 컵을 들고 그는 즐거워하고 있다. 이 즐거움은 결국 더 큰 바다의 물고기를 찾아 나선다. 그러므로 그는 더 이상 한 여자에게, 한 직장에 머무를 수 없다. 세속적이며 현실적인 눈으로 보면 그는 뜬 감성의 소유자요 모든 여자에게 접근하는 바람둥이요 끼 많은, 장래가 촉망되는 아역스타이다.

지구상에 존재하는 모든 생명체가 바다에서부터 시작되었듯 컵은 여성의 자궁을 상징한다. 자궁으로부터 나오는 것은 새로운 생명체이고 그것은 인류의 시작과 지구의 유지를 상징하기도 한다. 그가 입고 있는 옷은 신성한 힘을 상징하며 조화로운 분홍 연꽃은 그가 다른 차원과 교신할 수 있는 신성한 능력을 조화롭게 사용할 수 있는 능력이 있음을 의미하고 있다.

♣ 키워드

즐거움, 접근, 직감적, 기쁨을 건넴, 작업, 수작, 바람둥이, 호기심, 감수성이 많음, 산만함, 타인에게 다가서는 에너지, 즐거운 아이, 놀이의 시작 단계, 아역스타, 신입 개그맨

Page of Swords

검의 시종은 재빠르고 활기차며 지성적인 인물이다.

화창한 날, 언덕위에서 시종은 제법 근사한 포즈로 검을 들고 있다. 취하고 있는 동작에 비해 표정은 사뭇 진지하다. 시종의 머릿속에선 상상의 나래가 펼쳐지고, 상상의 날갯짓은 끝날 줄 모른다. 상상의 나래만큼 생각도 창의적일 수 있다. 뭉게뭉게 피어있는 구름이 이 인물의 머릿속을 스캔해주고 있는 것 같다.

그러나 그의 상상은 아직 현실화되지 않았다. 생각만 많다. 물론 그 생각들은 그 자체로도 재미있으며 진지하며 모험적일 수 있다. 그가 들고 있는 칼은 카드 밖으로 나가있어 끝이 보이지 않는다. 즉 그의 생각들이 계속 자라고 있다는 것을 보여준다.

♣ **키워드**

창의성, 새로운 생각의 시작, 가벼움, 염탐, 호기심, 미숙함, 공상, 경쾌함, 구름 위를 걷다, 날카롭지 않은 칼날

Page of Pentacles

시종이 안정적인 원소인 펜타클을 두 손에 치켜들고 바라보고 있다. 그는 눈에 보이는 결과물을 향해 목표를 세웠다. 그는 거대한 꿈이나 이상적인 그 무엇을 바라기보다는 현실적으로 이룰 수 있는 확실한 목표를 세운다.

이 카드를 뽑은 당신은 사려 깊고 신중한 사람이다. 솜씨가 있으며 돈의 가치를 아는 사람이다. 당신에게 돈을 버는 아이디어가 생겨날 수 있다.

하나의 목표를 세움, 구체적인 목표, 최종적인 목표에서 가장 낮은 단계의 목표치, 견습생

기사(Knight)

　말을 탄 기사는 성별과 상관없이 활동력과 기동성을 상징한다.

　기사는 활동하는 에너지이다. 곧 행동하는 인간을 상징한다. 젊은이 특히 25세에서 40세 사이의 사람이나 생각, 상황이나 활동을 의미할 수 있다. 기사는 자신의 능력을 마음껏 실현해보고 싶어하는 도전하는 인간형을 의미한다고 볼 수 있으며 용감함과 책임감으로 뭉쳐있는 사람이다.

　지팡이(불)의 원소와 검(공기)의 원소를 만나면 기사(Knight)는 마음껏 활동성을 표현하지만 컵(물)의 기사와 펜타클(흙)의 기사에서는 신중함이 전해지곤 한다. 이를테면 프러포즈에 있어서도 열정만 가지고 달려가는 지팡이의 기사나, 생각으로만 달려가는 검의 기사와 달리 컵의 기사는 예의바르게 격식을 차려 자신의 마음을 드러내며, 펜타클의 기사는 눈에 보이는 보석이나 문서 등을 들고 간다. 이는 지구를 구성하는 4원소의 차이에서 기인하는 것이다.

Knight of Wands

불 중에 불이다. 뜨겁다.

시종이 심은 사막의 묘목들을 정신없이 나르는 것에 기사(Knight)의 온정신이 집중되어 있다.

추진력의 끝판왕으로서 속전속결을 추구한다. 하지만 일의 시작은 좋으나 그 결실을 야무지게 맺기엔 아직 어려움이 있다.

물러서지 마라. 다시 돌아간다면 황량한 사막만이 당신을 기다릴 것이다.

다 불타서 없어질 때까지 달리고 또 달려서 자신이 원하는 일과 삶의 중심에 서라.

♣ 키워드

행동성, 열정, 힘, 밀어붙임, 일에서의 활동성, 불같은 성격, 열정적, 자신감

Kinght of Cups

컵의 기사는 신중하고 점잖다.

그는 백마를 타고서 나에게 고백을 하러 온다. 마치 함을 들고 오듯이 그 컵 안에는 사랑이 넘쳐흐르는 청혼의 생명수가 가득할 것이다. 이것을 한 방울이라도 흘리지 않기 위해서 그는 신중하고도 신중하게 천천히 나에게로 오고 있다.

컵은 행동이 아니라 꿈, 상상력, 비전을 상징한다. 대인관계 면에서 컵의 기사는 로맨스를 상징한다. 그는 신중한 연애를 꿈꾸는 소유자다.

그는 상냥하고 로맨틱하며 부드럽고 예의 바르고 비주얼이 좋은 사람이다 남성이면서도 여성적인 속성이 강한 인물이며 이성적이기보다는 감성적인 사람이며 분위기 파악도 잘하므로 인간관계에서도 자신이 있다. 상황에 필요한 감성으로 분위기를 주도하므로 이성들에게 주목을 받을 수 있다. 이 인물은 감성적인 부분이 강하므로 질투가 많을 수 있으며 민감한 성격의 소유자이며 자제력이 부족한 측면이 있을 수 있다.

그의 머리 부분과 팔꿈치 부분에는 날개가 달려있다. 날개는 자유로움을 상징하며 한사람에게 마음을 다하며 진지하지만 그 반대편에는 역시 자유롭고 싶은 열망이 숨어있음을 알 수 있다.

그는 빛나는 감성의 소유자이며 창의적이고 매력적이다. 그는 대개 따뜻한 가슴을 가지고 있고 말하기를 좋아한다. 그러나 그는 내향적인 사람일 수 있다.

새롭게 경험하게 되는 것들이 당신의 삶 속으로 천천히 들어온다. 당신은 누군가와 사랑을 하게 되며 연인과 여행도 하게 된다. 그 여행은 당신과 상대방을 가깝게 만들어주며 더 의기투합하게 해준다.

♣ 키워드 ─────────────────────────
예의 갖춤, 신중함, 프러포즈, 귀인, 성심성의, 로맨틱가이, 의기투합, 남쪽에서 귀인이 나타나
니……

Kinght of Swords

누가 그를 막을 수 있으랴. 검의 기사는 다른 원소의 기사들과는 비교할 수 없을 정도로 움직임이 크다. 저돌적이고 용맹스러운 에너지가 있다. 말을 탄 기사의 동작, 말의 동작, 풍경, 어느 것 하나도 급하지 않은 것이 없다.

이 캐릭터엔 전력으로 질주하는 이미지가 있으며, 그는 한번 꽂힌 것에는 몸을 바쳐 나아간다. 그 누구의 의견 따위, 충고 따위는 들리지 않는다.

그러므로 말에서 떨어지지 않으려면 잡고 있는 말의 고삐를 놓치지 않아야 한다. 할 수만 있다면 당신이 달리고 있는 그 길의 풍경을 즐겨라.

♣ **키워드**
전력질주, 추진력, 생각의 집중, 자기생각으로의 몰입, 사고의 추진력, 논리적인 주장

Kinght of Pentacles

　다른 원소의 기사들과 비교하여 가장 신중한 에너지가 전해지는 카드이다. 또 다른 여성성의 원소인 컵의 기사와 비교하더라도 펜타클의 기사는 실질적인 것, 시각적인 것, 그리고 보다 안정적인 것을 들고서 이보다 더 진지할 수 없는 모습으로, 최대한 천천히 꼼꼼하게 지금 자신이 가지고 있는 자원을 소중히 다루며 길을 간다.

　흙의 원소인 펜타클은 변화를 꾀하는 에너지보다는 지금 자신이 가지고 있는 물적 토대를 유지하려는 속성이 강하므로 빨리 무언가를 회전시키지 않는다. 게다가 자기가 들고 있는 펜타클을 놓쳐서는 안 되기에 조심조심 또 조심하며 누군가에게로 간다.

　기사가 들고 있는 펜타클은 청혼을 하러가는 폐물(幣物)일 수도 있으며, 합격의 통지서일 수도 있으며, 통장에 입금된 돈일 수도 있다.

♣ **키워드**

진중함, 변화에 대한 신중함, 경제적 선물, 물질적으로 기반을 닦으려함, 눈에 보이는 에너지에 취함, 왕성한 경제 활동

여왕(Queen)

　여왕은 왕과 더불어 성숙함을 나타내는 캐릭터다. 최고의 위치를 나타낸다고 할 수 있다. 궁정카드에서의 왕(King)과 여왕(Queen)은 성별을 나타내기보다는 자질과 특성을 나타낸다.

　여왕 카드가 왕 카드와 다른 것은 여성적인 속성 즉, 양육과 관련이 있다는 점이다. 여왕 카드는 가족의 결속, 세상과의 연결감 등 인간관계에서의 수용적인 측면, 관계의 돈독함을 본능적으로 담고 있다. 나이에 관해서 여왕은 어느 특정한 연령층을 지칭하지는 않는다. 나이보다는 내적인 성숙에 초점을 두고 있는 까닭이다. 수행하는 역할에서 보면 여왕은 어머니이기 때문에 왕보다도 배려심이나 보살핌의 속성이 크다.

Queen of Wands

여왕이 옥좌에 앉아 있다. 옥좌엔 사자가 조각되어 있고 발 아래엔 검은 고양이가 있으며 손엔 해바라기가 쥐어져 있다.

해바라기는 추종자가 있다는 뜻으로 읽히기도 한다. 그러나 양육적인 관점으로 보면 다스리고 돌봐야 하는 것들이 많다는 것으로 해석되기도 한다.

그녀는 어머니와의 갈등, 곧 양가감정 속에 놓여있음을 유추할 수 있다. 그녀의 발밑에 있는 고양이가 그것을 상징한다.

지팡이 여왕은 매우 잘난 엄마이다. 자기과시가 많으며 바쁘게 일하는 워킹맘이며 일속에서 자신을 실현하고자 하는 욕구가 강한 여성이다. 그러므로 사회적 시선으로 보면 머리부터 발끝까지 유능함으로 세팅된 여성으로 비칠 수 있다.

그녀는 창조적이며 생기발랄하며 자기표현이 분명하며 열정적이다.

♣ 키워드
자기실현, 열정적, 집중적, 새로운 아이디어, 자신만의 길, 자기과시적, 질투를 부르는, 순간의 화려함

Queen of Cups

두 손에 컵을 든 여성이 옥좌에 앉아 있다. 옥좌는 물가에 있으며 어린 천사들이 장식되어 있다.

이 사람은 낭만적이며 상상력이 풍부하다. 감정의 세계에 사는 사람의 심리적 프로세스를 경험하게 하는 카드이다.

컵의 여왕은 유니버셜 웨이트 타로에서 유일하게 뚜껑이 달린 컵을 들고 있다. 컵도 다른 컵들과는 비교도 안 될 만큼 화려하다.

이 여왕은 끊임없이 들어주면서 그 소리들이 밖으로 새어나가지 않도록 묵묵히 자신을 들여다보며 내면의 아이를 성장시키는 일을 하는 사람이다.

그러므로 맺고 끊는 일을 잘 못하며 자신의 내면을 한없이 들여다보느라 어느덧 경계가 없어져 타인과 건강한 관계, 상호적인 쌍방통행의 마음나누기가 어려울 수 있다. 이러한 여왕 같은 사람이 내 주변에 있다면 나는 굉장히 여유 있고 편안하겠지만 어느 장면에서 내가 이 역할을 해야 한다면 충돌의 에너지로 드러날 수도 있다.

이 카드는 끝없는 수용을 나타낸다. 끊임없이 들어라. 듣고 듣고 또 듣다보면 만날 것이다. 그렇게 말하는 카드이다.

♣ **키워드**
수용성, 배려, 내면의 성장, 침묵, 형이상학적, 비밀스러운, 직관적 자질, 배려심 많은 파트너

Queen of Swords

엄격해 보이는 여성이 회색 옥좌에 앉아 있다. 오른손으로 검을 똑바로 세워 들고서 도전적인 자세를 취하고 있다.

검의 여왕은 단호하다. 단호하다는 것은 독립적이며 자기 주장이 강하다는 뜻이다. 그 누구도 이 인물의 강함을 넘어서기 어렵다. 그리하여 이 카드를 미망인 카드라고 하기도 하고, 이혼녀 카드라고 하기도 한다. 여왕임에도 불구하고 남성성이 두드러져 보이는데 검의 왕보다도 더 강한 에너지가 전해지는 카드이다. 미망인이건 이혼녀이건 혼자서 자신의 삶을 주도적으로 살아가야 하므로 강함은 생존에 필수적인 사항이다. 역경을 마다하지 않으며, 그 어떤 고난이 오더라도 고난 앞에서 눈물을 흘리지 않는다.

자신이 옳다고 주장하는 것, 내 의지대로 가는 것도 좋지만 옆에서 하는 조언들, 다른 사람들의 생각들을 들을 필요가 있다. 그것들을 수용할 때 들고 있는 검의 무게가 조금은 가벼워질 것이다.

♣ 키워드
자기 주도성, 고집, 오만과 편견, 추진력, 이혼녀, 독립심, 민첩함, 투쟁적

Queen of Pentacles

넝쿨 그늘 아래에 화려한 옷 차림의 여성이 복잡한 무늬를 지닌 옥좌에 앉아 있다. 무릎 위에 놓인 펜타클을 바라보고 있는 이 여왕은 풍요로움의 상징이다. 물질적인 여유로움이 넘치지만, 그래서 오히려 여왕은 고통스러울 수 있다. 우울할 수 있다. 풍족함의 숲에서, 무엇 하나 부족하지 않지만 여왕은 외롭고 쓸쓸할 수 있다.

금전적으로나 정서적으로 안정된 여왕은 자신이 가지고 있는 물질적인 풍요로움이나 안정적인 에너지를 나누려고 한다. 자신과 같은 위치에 있는 사람들과 나누려고 하기보다는 자신의 도움이 필요한 사람들, 여왕이 갖고 있는 재능이 필요한 곳에 나누려는 에너지가 있는 카드이다.

나는 이 카드를 설명할 때 생활시설에 있는 아동청소년들에게, 혹은 아프리카 아이들에게 여왕이 갖고 있는 물질적 부를 나누려는 카드로 설명한다. 일명 '아동복지카드' 이다.

♣ **키워드**

경제적 나눔, 아동복지, 후원, 내면의 우울, 타인을 향한 동정, 우울의 승화, 풍요로움, 모성애, 실질적인 해결책, 인정욕구

　왕은 최고의 결정권자이다. 사실 궁정 카드에서 왕과 여왕의 카드를 변별해서 읽어내는 것은 쉬운 일은 아니다.

　왕은 종종 우리보다 나이가 많은 사람을 의미한다. 부모나 전문가를 의미하기도 하며, 나이에 비해 성숙한 인격을 지닌 사람, 권위 있는 사람을 나타내기도 한다. 왕은 자신이 누구이고 그가 할 수 있는 일이 무엇이든 판단할 수 있는 지혜를 가진 성숙한 사람이다.

　왕은 통치자이며 사회적 책임에서 비켜갈 수 없는 존재이다. 그의 영향력은 절대적이며 그의 결정은 세상을 좌지우지할 수 있다.

　왕은 종결과 완성을 나타내며 상황의 정점, 결말을 의미한다. 왕은 남은 삶을 살아가기 위해 낡은 행동패턴을 버리는 것에 관한 것을 보여주기도 한다.

King of Wands

당당한 남자가 사자가 장식된 옥좌에 앉아서 지팡이를 세워 들고 있다. 이 사람은 빈틈없고 유능하며 위엄이 있는 사람이다. 그는 자신의 목표를 달성하기 위해서 위험을 감수할 줄 알며 무한한 열정과 에너지를 가지고 자발적으로 일하는 원대한 꿈을 가진 사람이다.

대체로 통찰력 있는 상사를 나타내며 그는 자신의 사업을 하며 판촉과 홍보, 광고, 판매 또는 사무를 독립적으로 처리한다. 그의 존재만으로도 사람들이 최고의 잠재력을 발휘할 수 있도록 동기를 부여해 주기 때문에 주변인들에게 격려가 될 수 있다.

♣ 키워드
통찰력, 천리안, 존경심, 각 영역에서의 종결자, 사업가, 영업사원, 홍보왕, 광고, 판매, 성공한 CEO

King of Cups

컵의 왕은 완전히 물에 둘러싸여 뗏목위에 실려 표류하고 있다. 컵의 여왕이 컵을 바라보고 있는 모습인데 반해 컵의 왕은 먼 곳을 보고 있는 모습니다.

낭만적인 사람이며 생일이 아닐 때도 꽃을 보내는 그런 남자이다. 그의 감정은 종종 애매함과 무뚝뚝함을 사이를 왔다갔다하지만 그의 감수성은 남다르다. 그는 자신에 대해 이야기하는 것보다 남의 이야기에 귀를 기울이는 것을 더 편하게 생각한다.

그는 자신의 가슴에서 전해지는 느낌과 욕구에 지나치게 밀착하는 경향을 보이기에 네 원소의 왕 중에서 왕으로서의 권력을 남용하거나 오용하지 않는 왕이지만 맡은 일을 이성(理性)의 날카로움으로 꼼꼼히 따져보지 못하는 경향이 있다.

혹시 당신이, 혹시 당신의 배우자가, 자신에게 내재되어 있는 감성의 힘을 믿지 못하고 계속 떠다니고만 있는 컵의 왕은 아닌가? 혹시 당신의 오너가 그렇지 않은가? 리더라면 흔들리는 리더와 일하는 것이 얼마나 힘든지 알아야 한다. 컵의 왕은 어딘가 육지에 그곳이 무인도라고 해도 그곳에 표류하는 권좌를 붙여야한다. 남의 감정이 아닌 자신의 감정을 믿고 결정을 내려야 한다.

♣ 키워드

감수성, 우유부단, 예술가, 작품성, 낭만적, 가정적, 코디네이터, 상담사, 정신과의사, 디렉터, 기획사

King of Swords

준엄해 보이는 남자가 검을 세워들고 옥좌에 꼿꼿이 앉아 있다. 분위기는 차갑고 서늘하다.

일명 '손석희 카드'라 불리며 지성의 최고 단계를 상징하는 카드이다.

그는 법과 질서와 제도와 정의를 의미한다. 그는 불필요하거나 비논리적이라고 여겨지는 것은 가차 없이 잘라버린다. 그는 현명한 조언을 하며 중요한 문제에 대해선 망설임 없이 판단한다. 합리적이고 분석적이며 지성적인 사람을 가리킨다. 권위와 깊은 관계가 있는 검의 왕은 어떤 회사나 부서의 장(長)을 의미할 수 있다.

그는 판단을 흐리게 하는 감정을 배제하므로 차가워 보인다. 그리하여 그와 친밀감을 형성하기는 쉽지 않다.

만약 이 캐릭터가 당신과 대립해 있는 인물이라면 당신은 매우 강력한 적수를 만난 것이다.

♣ 키워드

직관, 논설위원, 뉴스앵커, 예리한 사고의 소유자, 경영컨설턴트, 치우치지 않는 사고의 에너지, 정확한 판단력의 소유자, 빛나는 이성의 소유자, 심사숙고, 사법제도, 높은 지능의 소유자, 지적인 베이스, 정치가, 판사, 의사, 작가, 철학자, 장군, 대통령, 논설위원, 변호사, 외교관

King of Pentacles

주렁주렁 포도송이가 장식된 옥좌에 부유한 왕이 앉아 있다. 예복은 풍성하게 흘러내려와 있고 한손은 무릎 위에 놓인 펜타클을, 다른 손은 홀을 쥐고 있다.

펜타클의 왕은 부유한 어른을 상징한다. 경제적 스폰서 역할을 해줄 수 있는 사람이다. 그는 막대한 재산의 소유자이면서 그 재산을 스스로 일군 사람이기도 하다. 그의 금고는 마르지 않는 샘이다. 그는 실제적인 것을 해결해주는 사람이다. 그는 자신의 풍족한 삶을 행복해하며 그가 일궈낸 부를 자랑스럽게 생각하는 인물이다.

세속적인 성공과 성취의 화신이다. 그는 그가 지배하는 모든 것들의 왕이다.

실용적, 사업 마인드, 책임감, 신뢰, 자신감, 물질주의, 스폰서, 경제적 후원, 재벌, 능력자, 미디어 재벌, 은행가, 성공한 예술인

궁극적인 것
- 배열법 익히기

V

타로카드 리딩에서 배열은 하이라이트다. 타로카드 학습과정의 꽃이다.

78장의 카드를 한 장 한 장 만나고 난 뒤, 결국 우리가 갖게 되는 의문은 '나에게는 언제 사랑하는 사람이 생길까?' 혹은 '지금 만난 사람이랑 잘 될 수 있을까?' 또는 '지금 준비하고 있는 시험이 나에게는 어떤 의미일까?' 혹은 '과연 내가 부자가 될 수 있을까?' 등이다. 우리 마음 안에 똬리를 틀고 묻고 있는 그 질문에 내 무의식의 대답을 보기 위해서는 질문에 적절한 배열법을 익히는 것이 중요하다.

배열은 흐름을 나타내는 것이다. 에너지의 방향을 볼 수 있는 것이다. 과정을 만날 수 있는 것이다. 미처 깨닫지 못하고 있는 내 안에 묶인 에너지를 해방시키는 것이다. 그러므로 타로카드에서 배열은 궁극적인 것이라 할 수 있다.

타로엔 무수한 배열법이 있지만 타로카드를 이용한 집단상담에서 필자가 주로 사용했던 중요한 배열법 몇 가지를 소개하고자 한다. 다음에 소개하는 여섯 가지의 배열법으로도 당신의 중요한 문제에 대해 충분히 점검할 수 있다.

세 장 배열법

　가장 기본적인 배열법이다. 현재의 에너지 상태를 드러내는 2번 카드가 핵심카드이다.

　각각의 카드 1-2-3은 과거-현재-미래, 몸-마음-영혼, 아침-점심-저녁을 나타낸다.

　타로카드는 현재의 에너지를 만나는 것이므로 일 년 운수나 먼 미래를 점치는 것은 어불성설이다. 우리가 바꿀 수 있는 에너지는 오직 현재뿐이다. 미래를 바꾸고 싶다면 지금 현재의 에너지를 수정하라.

5
4
6
3
7
1
2

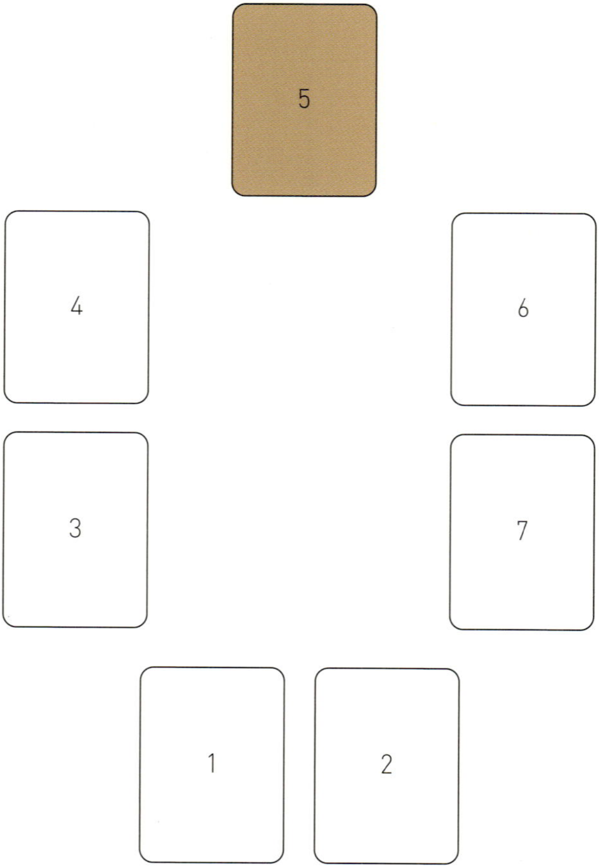

관계배열법은 가장 많이 활용할 수 있는 배열법이다. 우리가 마음을 두는 것들 중 단연 최고는 타인과의 관계이다. 새로운 관계에 대한 호기심, 이 관계가 나에게 주는 의미, 그리고 관계의 핵심문제 및 관계의 미래만큼 우리에게 궁금한 게 또 있을까?

7장의 카드를 뽑은 뒤 먼저 체크해야 하는 것은, 뽑은 7장의 카드 중 몇 장의 메이저 카드가 나왔는가를 보는 것이다. 메이저 카드가 5장까지 나온 것을 본 적이 있다. 메이저 카드가 굉장히 많이 나온 경우이다. 이처럼 메이저 카드가 많이 나왔다는 것은 무슨 의미일까? 이것은 의식 단계에서는 상대방에게 별로 마음이 없다고 말을 하지만 사실은 상대방에게 에너지를 많이 쓰고 있다는 것을 보여주는 것이다.

여기에서 주목할 점은 이 상황의 에너지는 바로 나의 에너지라는 것이다. 나에 대한 상대방의 마음을 알 수는 없다.

1은 상대방과의 관계에서 내가 느끼는 나다.

2는 내가 느끼는 상대방이다.

3은 둘 관계에 있어서의 현재 상황이다.

4는 앞으로 다가올 문제들이다.

5는 둘 관계의 핵심문제다.

6은 가까운 미래를 나타낸다. 타로에서 가까운 미래는 2~3개월 이내이며 각자의 에너지 순환에 따라 앞당겨질 수 있고 뒤로 물러날 수 있다.

7은 먼 미래를 나타낸다. 먼 미래는 6개월 정도를 나타내며 역시 각자가 지닌 에너지 순환의 속도에 따라 당겨질 수 있고 오래 지속될 수 있다.

관계배열법의 핵심은 5번에 있다. 5번의 욕구를 얼마나 잘 충족시키느냐에 따라 6번과 7번의 에너지는 달라질 수 있다.

'내 인생은 도대체 왜 이런 거야?'

꼬인 인생행로에 머리가 아프다면 이 배열법을 한번 해보라.

1은 결과이다. 그러므로 카드를 리딩할 때 이 1번 카드를 마지막으로 읽어야 한다.

2는 현 상황이다.

3은 내 인생의 걸림돌이다. 이러지도 못하고 저러지도 못하는 내 인생의 아킬레스건이다.

4는 핵심신념이다. 내 인생의 핵심인 이것으로 인해 우리의 인생이 굴러간다. 교류분석에서 말하는 각본의 키(key)이다.

5는 '그렇다면 나는 어떻게 할 것인가?' 곧 'How to'이다.

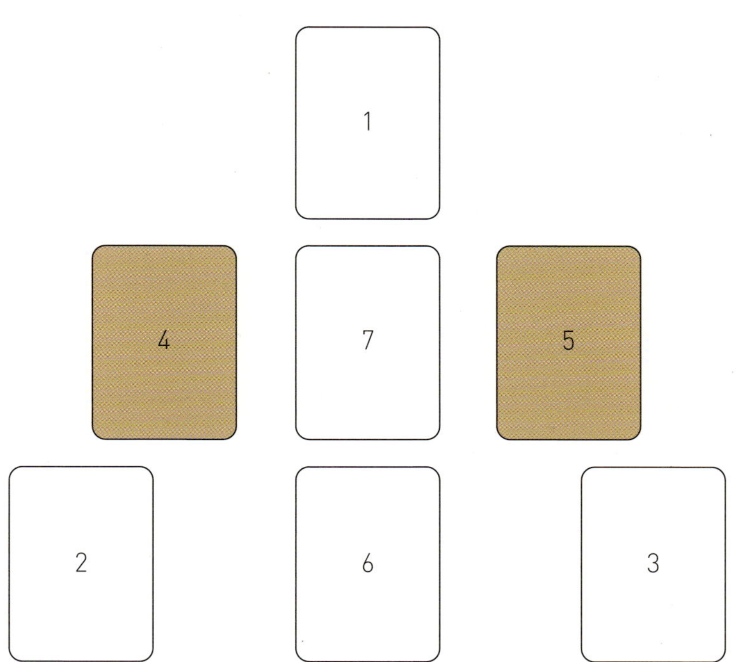

소원을 말해봐 배열법은 청소년들을 위한 배열법이라 할 수 있다.

1은 소망하는 것, 추구하는 것, 원하는 것이다. 카드를 선택하는 사람의 마음이 잘 드러나 있는 카드이다.

2는 지금 현재의 에너지이다.

3은 현재의 에너지가 흘러갈 방향(가까운 미래)이다.

4는 내가 소망하는 것으로 가는 데 있어서의 부정적 자원이다.

5는 내가 소망하는 것으로 가는 데 있어서의 긍정적 자원(지지자원)이다.

6은 소망을 이루기위해서 어떻게 해야 하는가(How to)이다.

7은 결과이다.

이 배열에서 가장 중요하게 생각해야하는 것은 4번과 5번이다.

4번은 자신이 소망하는 그 길로 가는 데 있어 자신에게 방해물이 되는 것이 무엇인지를 보여준다. 그러나 생각보다 여기에 긍정적인 카드들이 많이 나오므로 이것을 방해물로만 인식하고 해석하기에는 어려움이 따른다.

5번은 자신이 소망하는 그 길로 가는 데 있어 긍정자원으로 생각되어지는 것들이다. 하지만 여기서도 역시 부정적으로 인지되는 카드들이 나오곤 해서 리더가 당황하는 경우가 많다. 하지만 기억하라. 타로는 대극의 원리로 동전의 양면처럼 긍정과 부정을 동시에 갖고 있다. 그것으로 인해 우리는 넘치지도 모자라지도 않는 삶의 균형을 찾아갈 수 있다. 부정요소와 긍정요소에 대한 정확한 통찰을 위해 우리는 우리가 소망하는 것을 다시 한번 생각해볼 시간을 갖게 된다. 바로 이것이 이 배열법의 숨은 내공이다.

사랑 배열법

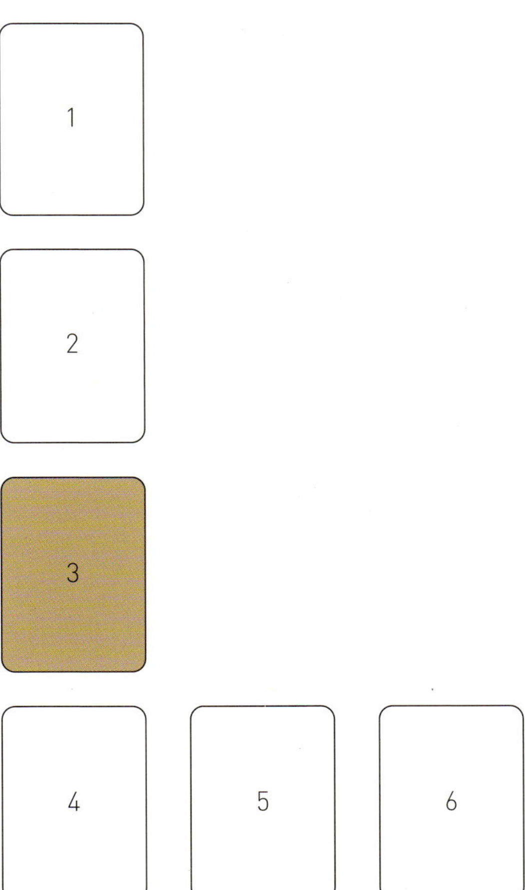

일명 L자 배열법이다.

1은 지나간 사랑을 통해서 내가 배운 것이다.

2는 현재의 내 사랑의 모습이다.

3은 내가 생각하는 사랑이란 무엇인가? Love is……. 내가 생각하기에 사랑은 ……이다. 곧 사랑에 대한 나의 개념이다.

4는 나에게 필요한 에너지다. 상대방을 통해 내가 얻고 싶은 것이다

5는 나와 관계된 그 또는 그녀에게 필요한 에너지다. 하지만 이것 또한 내 생각, 내 무의식이 생각하기에 그런 것이다.

6은 결과이다

이 배열법에서 가장 중요한 카드는 3번이다. 내가 생각하는 '사랑의 개념'이기 때문이다.

지나간 사랑을 통해 나는 무엇을 배웠는가? 사랑의 경험으로, 그 사랑의 경험이 일천함에도 불구하고 우리는 그 사랑이 전부인양 내 사랑의 그릇을 줄이기에 급급하다. 지난 사랑을 통해 내가 제한해온 내 사랑의 경험치를 다시 한번 생각해보는 것은 앞으로의 사랑에, 또한 지금의 사랑에 도움이 될 수 있다.

지금 당신이 사랑하는 그 사람은, 당신이 전에 경험한 그와는 다른 사람이다. 하지만 당신의 에너지가 여전히 과거의 에너지에 연결되어 있다면 지금 현재의 사랑은 과거의 복사판처럼 되기 쉽다. 환기구를 달기 바란다. 새로운 사랑을 원한다면 과거의 에너지와 결별하고 내가 지닌 사랑의 핵심신념을 점검해봐야 한다. 우주는 당신이 생각한 그 곳에, 원하는 그 지점에 당신을 기꺼이 옮겨다줄 것이다. 그것이 우주의 법칙이다.

켈틱크로스 배열법(종합선물세트 배열법)

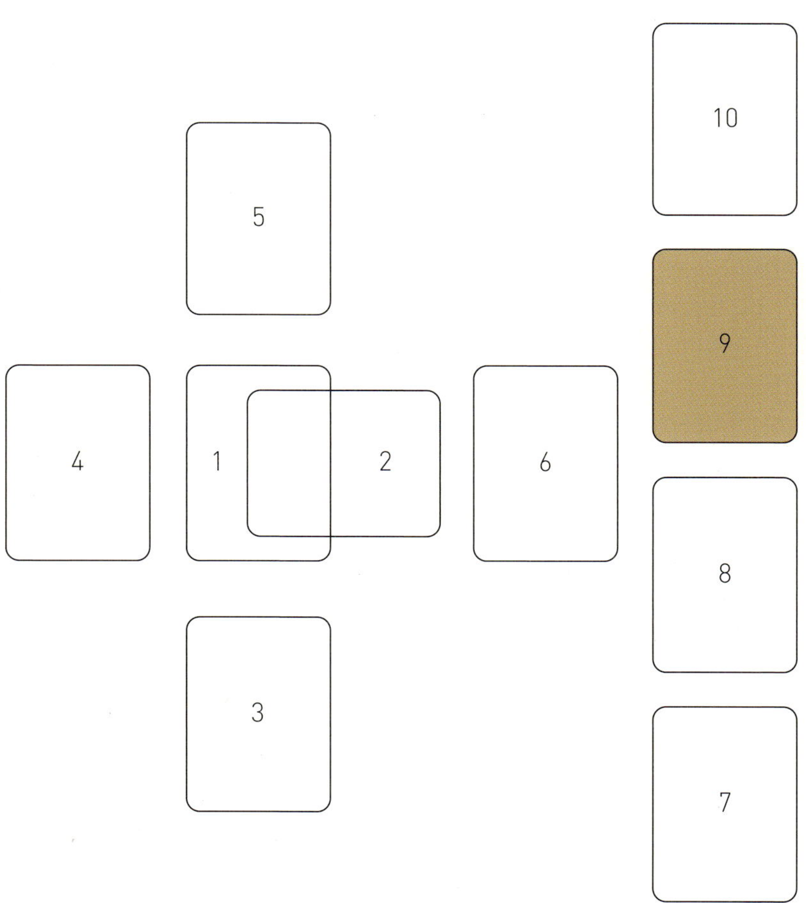

1은 현재에너지이다.

2는 보충에너지이다.

3은 현재의 에너지를 양산하는 먼 과거의 에너지이다.

4는 비교적 최근에 지나간 에너지이다.

5는 가까운 미래의 에너지다.

6은 좀 더 먼 미래의 에너지다.

7은 현재를 바라보는 나의 내부의 눈이다.

8은 현재를 바라보는 외부의 눈이다.

9는 이 배열에서의 핵심카드이다. 내 안의 두려움이나 소망이다. 핵심신념이다. 오랫동안 나의 무의식을 형성해 온 것이 드러난다. 이 카드를 깊이 있게 읽어낼 수 있어야 자신의 무의식을 만날 수 있다.

10은 결과이다.

특히 이 배열법으로 상담이 진행될 때에는 상담자가 코멘트용으로 한 장의 카드를 뽑아서 그 카드를 기반으로 전체의 흐름을 정리하며 여기에 첨언할 수 있다.

켈틱크로스 배열법은 내가 즐겨 쓰는 배열법이다. 나는 주요사안이 있을 때마다 10장의 카드를 뽑는다. 이번에 가장 에너지를 집중해서 뽑은 주제는 두 개의 회사를 놓고 어느 회사를 선택할지에 대해서였다. 언제나 그랬듯 나의 에너지 상태를 점검할 수 있었다. 켈틱크로스 배열법은 우리들 질문에 대부분 정확한 답을 준다. 이 배열법을 종합선물세트 배열법이라고 하는 것은 이 배열법으로 우리들 자신에 대한 거의 모든 것을 알아볼 수 있기 때문이다.

　우리는 78장의 타로카드를 하나하나 만나보았다. 이 책을 통해 처음 타로카드를 접하는 분들도 있을 것이며 운이 좋게도 자신에게 부족한 무엇을 전달받은 분들도 있으리라. 카드를 한 장 한 장 뒤집을 때마다 당신의 마음 안에서 어떤 울림이 있었다면 이 책은 소기의 역할을 다한 것이다.

　메이저 카드의 출현은 당신의 에너지가 그만큼 많다는 것이며 처리해야 하는 심리적 응집이 있다는 것이다. 마이너 카드가 주로 나왔다면 소소한 일상의 즐거움이나 어려움에서 당신에게 필요한 원소가 무엇인지 무의식적인 메시지로 전달되어 나왔을 수 있다. 궁정 카드가 주로 등장하였다면 하나의 일이 지금 어느 단계에 놓여있는지를 당신과 관련된 인간관계나 성격들의 교류로 파악할 수 있다.

　타로카드는 고정된 에너지에 머무는 것이 아니다. 우리의 저 광활한 무의식의 에너지를 노크하는 것이다. 무의식의 문이 열리는 순간 우리는 다른 차원, 완전히 달라진 새로움으로 진입할 수 있다. 눈을 감고 당신의 두 손이 가는 대로 책장을 넘겨라. 거기에 당신의 마음이 있다. 지금 당신의 마음을 알고 싶다면 이 상황의 의미를 알고 싶다면 당신 손의 감각을 따라가며 책을 펼쳐보라.

　여기 당신 곁에 카드 한 장이 있다.

　단출한 차림으로 출발한 여행에서 우리는 뜻밖의 즐거움을 만나곤 한다. 발생하는 모든 일들이 즐거운 에피소드로 저장되는 여행이라면 더욱 유쾌할 것이다.

　글을 쓰는 사람이 많은 시대다. 나에게는 진실일 수 있지만 나 외의 사람들에게나, 나무들에게 미안한 일이라는 망설임을 뒤로하고 시작된 작업이었다. 타로카드를 처음 만났을 때 내가 그랬듯 이 책이 자신 안으로 혹은 세상 너머로 여행을 떠나고자하는 사람들에게 한 톨의 양식이 된다면 더없이 기쁘겠다.

이 책이 나오기까지 아낌없는 응원과 지지를 보내준 내 사랑하는 딸들 세니뻬, 요니와 회니와 지니에게 뜨거운 사랑을 전한다. 함께 마시고 웃고 도모하며 늘 도전케 하는 사랑하는 벗들에게 깊은 감사를 드린다. 발간을 꾸준히 재촉해준 박노 식 이사에게 고마움을 전한다. 그리고 특별한 우정으로 함께한 내 친구 이주야, 애썼다. 고맙다.

부 록

*교류 분석(Transactional Analysis, TA)

사람과 사람사이의 교류를 분석하는 것으로서 모든 인간관계에 적용할 수 있는 성격이론이며 심리치료이론이다. 캐나다 출신의 미국 정신과 전문의인 에릭 번(Eric Berne, 1910~1970)에 의해 만들어졌으며, 임상심리학에 바탕을 둔 인간행동에 관한 분석체계 또는 이론체계로서, '정신분석학의 안티테제(anti-these)' 혹은 '정신분석학의 구어판(口語版)'이라고 불리기도 한다.

교류분석은 자아상태라는 개념을 기초로 하여 인간관계에서 발생하는 의사교류를 분석하는 것이다. 다시 말해 교류분석은 인간의 의사소통을 좀 더 원활히 하기 위한 연구라 할 수 있다. 이 분석을 통해 교류의 당사자들은 자기 자신, 그리고 상대방의 행동과 태도를 인지하고 이해할 수 있는 능력을 향상시킬 수 있다. 교류분석의 기본 방법은 자아구조분석과 의사교류분석이다. 에릭 번(Eric Berne)은 욕구와 상황에 따라 개인이 사용하는 세 가지 자아상태가 있다고 가정하였는데, 이 세 가지 자아의 상태를 부모 자아(비판적/허용적), 어른 자아, 어린이 자아(즐거운/순응적)로 부른다.

*남근선망(penis envy)

정신분석학 용어로, 성 발달(psychosexual development) 단계에서 3세에서 6세 사이 곧 남근기(phallic stage)에 나타난다. 남자아이는 자신의 성기를 힘과 우월성의 상징으로 보고, 여자아이는 자신에게 성기가 없다는 점에서 남근을 선망하게 된다. 이는 열등감의 기제로 작동하기도 하며, 어린아이의 경우에는 이때 자신과 부모의 성적 차이에 대해 인식함으로써 자신과 부모 사이에 삼각관계를 형성한다.

* 대항금지령(counter in junction)

부모의 내면의 감정에서 나오는 '~하지마라' 금지령에 대항하는 것으로 부모의 내면에 있는 어버이자아에서 나오는 메시지다. 부모의 기대를 표현하는 것으로 이를테면 '강해져라', '완벽해라' 등의 명령이다. 이러한 대항금지령은 스스로의 감정을 느끼지 못하게 할 뿐만 아니라 불가능한 영역에 도전하도록 에너지를 쓰게 하여 자녀가 스스로를 돌아보거나 만족하며 살기 어렵게 한다.

* 러빙프레젠스(loving presence)

하코미(Hakomi) 심리치료 기법에서 나오는 주된 개념으로 '사랑으로 존재하기'로 해석될 수도 있으나, 더 적극적인 의미로는 치료자와 내담자 사이에서 치료자가 내담자를 향해 주는 무한한 사랑의 에너지로 볼 수 있으며, 러빙프레젠스 상태를 기반으로 안심감과 내면의 연결을 이루게 하는 기제라 할 수 있다.

＊MBTI(Myers-Briggs Type Indicator) 성격유형검사

　칼 융(Carl Jung)의 '심리학적 유형(psychological types)' 이론에 근거하여 캐서린 쿡 브릭스(Katharine Cook Briggs)와 이사벨 브릭스 마이어스(Isabel Briggs Myers)가 보다 쉽고 일상생활에 유용하게 활용할 수 있도록 고안한 자기보고식 성격유형지표이다. 현재 가장 유용하게 쓰이는 성격유형검사의 하나이다. MBTI는 4가지의 양극적 선호경향으로 구성되어 있는데 이는 교육이나 환경에 영향을 받기 이전에 인간에게 잠재되어 있는 선천적 심리 경향을 말하며 각 개인은 자신의 기질과 성향에 따라 다음 표에 드러나듯 4가지 양극척도에 따라 둘 중 하나의 범주에 속하게 된다.

E 외향(Extraversion) 외부세계의 사람이나 사물에 대하여 에너지를 사용	에너지 방향 Energy	I 내향(Introversion) 내부세계의 개념이나 아이디어에 에너지를 사용
S 감각(Sensing) 오감을 통한 사실이나 사건을 더 잘 인식	인식 기능 Information	N 직관(iNtuition) 사실 사건 이면의 의미나 관계 가능성을 더 잘 인식
T 사고(Thinking) 사고를 통한 논리적 근거를 바탕으로 판단	판단 기능 Dicision Making	F 감정(Feeling) 개인적 사회적 가치를 바탕으로 한 감정을 근거로 판단
J 판단(Judging) 외부세계에 대하여 빨리 판단 내리고 결정하려 함	생활양식 Life Style	P 인식(Perception) 정보 자체에 관심이 많고 새로운 변화에 적응적임

　이렇게 4부문의 선호경향을 조합하면 총 16가지의 성격유형이 나온다. 간략하게 소개하면 다음과 같다.

　• ISTJ : 신중하고 조용하며 집중력이 강하고 매사에 철저하며 사리

분별력이 뛰어나다.
- ISFJ : 조용하고 차분하며 친근하고 책임감이 있으며 헌신적이다.
- ISTP : 조용하고 과묵하고 절제된 호기심으로 인생을 관찰하며 상황을 파악하는 민감성과 도구를 다루는 뛰어난 능력이 있다.
- ISFP : 말없이 다정하고 온화하며 친절하고 연기력이 뛰어나며 겸손하다.
- ESTP : 현실적인 문제해결에 능하며 적응력이 강하고 관용적이다.
- ESFP : 사교적이고 활동적이며 수용적이고 친절하며 낙천적이다.
- ESTJ : 구체적이고 현실적이고 사실적이며 활동을 조직화하고 주도해나가는 지도력이 있다.
- ESFJ : 마음이 따뜻하고 이야기하기 좋아하고, 양심 바르고 인화를 잘 이룬다.
- INFJ : 인내심이 많고 통찰력과 직관력이 뛰어나며 양심이 바르고 화합을 추구한다.
- INTJ : 사고가 독창적이며 창의력과 비판분석이 뛰어나며 내적 신념이 강하다.
- INFP : 정열적이고 충실하며 목가적이고 낭만적이며 내적 신념이 강하다.
- INTP : 조용하고 과묵하며 논리와 분석으로 문제를 해결하기 좋아한다.
- ENFP : 따뜻하고 정열적이며 활기에 넘치며 재능이 많고 상상력이 풍부하다.
- ENTP : 민첩하고 독창적이며 안목이 넓으며 다방면에 관심과 재능이 많다.
- ENFJ : 따뜻하고 적극적이며 책임감이 강하고 사교성이 풍부하고 동정심이 많다.
- ENTJ : 열정이 많고 솔직하고 단호하고 지도력과 통솔력이 있다.

※**마인드풀니스(Mindfuless)**

　하코미(Hakomi) 심리치료에서 마인드풀니스는 원리인 동시에 일종의 변화된 성질의 의식상태, 곧 의식의 통로를 말한다. 마인드풀니스에 이르는 것은 현재에 초점을 맞추는 것이고, 의식을 가지고 수용적이 되는 것이라 할 수 있으며, 자신이 있는 그 자리에서 체험하고 있는 것에 대해 어떤 개입도 하지 않고 그것을 관찰하기로 결의하는 것이다.

※**아르카나(Arcana)**

　'불가해한(arcane)'이라는 말에서 유래된 것으로 숨겨진, 비밀의, 신비스러운 것을 의미한다.

※**아누비스(Anubis)**

　이집트 신화에서 망자를 미라의 형태로 만들어 사후세계로 인도하는 신이다. 죽은 자의 영혼을 안내해주는 안내자이며, 부활의 상징을 나타내기도 한다.

※**애니어그램(Enneagram)**

　사람을 9가지 성격으로 분류하는 성격유형지표이자 인간이해의 틀이다. 애니어그램은 그리스어로 9를 뜻하는 ennear와 점, 선, 도형을 뜻하는 grammos의 합성어로, '9개의 점이 있는 도형'이라는 의미이다.
9가지의 성격유형은 대략 다음과 같다.

- 1번 : 이성적이고 완벽주의적인 유형이다. 이들은 스스로의 이상을 실현하기 위한 노력을 아끼지 않는다. 이들의 근본적인 두려움은 부도덕함과 결함이 있는 것에 대한 두려움이다. 이 때문에 완벽하고 올바른 것에 집착한다. 이들은 '완벽주의

자', 혹은 '개혁가'라는 별칭을 가지고 있다.

- 2번 : 매우 사교적이고 남을 도와주기 좋아하는 유형이다. 타인들에 대해 민감하고 예리하기 때문에 남들의 기분을 이해하고 잘 맞춰준다. 이들의 근본적인 두려움은 자신이 사랑받지 못하는 것에 대한 두려움이다. 자신이 사랑받기 위해서 남에게 베푸는 데 집착한다. 이들은 '조력가'라는 별칭을 가지고 있다.

- 3번 : 성공과 유능함을 추구하며, 야망이 있고 역할이나 지위에 대해 주목받기를 원하는 유형이다. 또한 실용적이고 실적 중심적이다. 이들은 성공하기 위해서는 몸의 희생도 불사할 수 있으며, 가슴 중심 유형이지만 성공을 위해 감정을 내려놓기도 한다. 이들의 근본적인 두려움은 자신이 가치 없는 사람이라는 것에 대한 두려움이다. 그래서 성공에 집착하게 된다. 이들은 '성취자', 혹은 '선동가'라는 별칭을 가지고 있다.

- 4번 : 매우 자기중심적이며 예술적이고 독특한 것을 추구하는 유형이다. 수줍음이 많고 감동적인 것을 추구한다. 타인에 대한 이해심이 많지만 자기를 꾸미는 데 더 많은 에너지를 소모한다. 이들의 근본적인 두려움은 인정받지 못하는 것에 대한 두려움이다. 타인에게 인정받기 위해 다른 사람과 다른 것을 추구하고 특별한 사람이 되고자 한다. 이들은 '예술가', 혹은 '개인주의자'라는 별칭을 가지고 있다.

- 5번 : 분석력과 통찰력이 있고 지식을 탐구하는 것을 좋아하는 유형이다. 객관적이고 관찰력이 뛰어나다. 말수가 적고 조심스러운 행동을 보이기도 한다. 혼자 있는 것을 즐기며, 혼자만의 시간과 공간을 중요시한다. 그래서 사생활에 대해 경계심이 강하다. 이들의 근본적인 두려움은 자신이 무능한 사람이라는 것에 대한 두려움이다. 유능한 사람이 되기 위해 지식

과 정보수집에 집착한다. 이들은 '사색가', 혹은 '관찰자' 라
는 별칭을 가지고 있다.

- 6번 : 폐쇄적이고 겁이 많으며, 짜여진 지침과 틀에 잘 적응하는
  유형이다. 책임감이 강하고 안전을 추구하며, 전통이나 단
  체, 혹은 친구에게 특히 충실하다. 협동심이 강하고 주위로
  부터 믿음직하다는 이야기를 많이 듣는다. 이들의 근본적인
  두려움은 다른 사람의 도움을 받지 못하는 것에 대한 두려움
  이다. 따라서 자신을 옳은 방향으로 가이드해 줄 사람에게는
  남다른 충성심을 보인다. 이들은 '충성가' 라는 별칭을 가지
  고 있다.
- 7번 : 낙천적이고 명랑하고 아이디어가 넘치는 유형이다. 자기도
  취적인 면이 다소 있으며 언제나 쾌락과 재미를 추구한다.
  무언가에 도전하기를 좋아해서 남다른 재능이 많다. 아이디
  어가 많지만 그 아이디어의 질을 생각하지 않는다. 이들의
  근본적인 두려움은 고통받는 것에 대한 두려움이다. 자신이
  고통받지 않고 불행해지지 않기 위해 어떤 일에서든 즐거움
  을 찾으려고 노력한다. 이들은 '낙천가', 혹은 '만능가' 라는
  별칭을 가지고 있다.
- 8번 : 리더십이 강하고 권력과 승리를 추구하는 유형이다. 이들은
  자신이 옳다고 생각하는 것에 대해서는 모든 것을 걸고 싸울
  준비가 되어 있다. 나는 강하고 힘이 넘친다는 자아이미지를
  가지고 있어 자신의 힘을 발휘할 수 있는 위치에 올라가려고
  노력한다. 이들의 근본적인 두려움은 통제당하는 것에 대한
  두려움이다. 통제당하지 않기 위해 거꾸로 남을 통제하는 데
  집착한다. 이들은 '지도자' 라는 별칭을 가지고 있다.
- 9번 : 안정과 평화를 추구하고 넓은 포용력을 가진 유형이다. 갈등
  이나 긴장을 피하는 사람들이며 주위 사람들의 영향을 쉽게
  받는다. 편견이 없고 냉정하게 생각하기 때문에 다른 사람의

고민을 잘 들어주기도 한다. 어떤 상황이 와도 불만을 표출하지 않으며 언제나 만족감에 차있다. 이들의 근본적인 두려움은 혼자 남겨지는 것에 대한 두려움이다. 친구와 동료를 잃지 않기 위해 평화로운 것에 집착한다. 이들은 '조정자', 혹은 '평화주의자' 라는 별칭을 가지고 있다.

＊하코미(Hakomi) 심리치료

하코미는 호피 원주민 말로 '당신은 누구십니까?' 를 뜻한다. '당신은 나에게 어떤 존재입니까?' 즉 일상의 여러 가지 측면을 대하면서, '당신은 타인과 어떤 방법으로 관계를 맺고 있습니까?' 라는 의미를 가진 말이기도 하다.

하코미는 미국 콜로라도 주에 본부가 있으며 현재 미국 각지뿐 아니라 유럽 각국, 남미, 오세아니아에도 보급이 되어 있다. 명상적인 상태와 비슷한 mindfulness라는 의식 상태를 주로 사용하는데, non-violence 즉, 지시하거나 충고하지 않는 원칙을 사용하는 가장 평화로운 심리치료 기법이다.

내담자(클라이언트)의 치료의 힘은 내담자 자신의 내면에 있다고 믿기에 상담자는 내담자가 자신을 찾아가는 과정을 매우 섬세하게 물 흐르듯이 가이드한다. '상담자가 지지하는 명상' 이라고 말할 수 있으며 동양인에게 있어, 이런 내성적 접근은 실제로 큰 체험을 불러온다.

이 체험이야말로 하코미 심리치료의 가장 큰 장점이다. 하코미는 실제의 빛나는 자기와 만나는 체험중심의 치료기법이다.

* **마이너 카드**

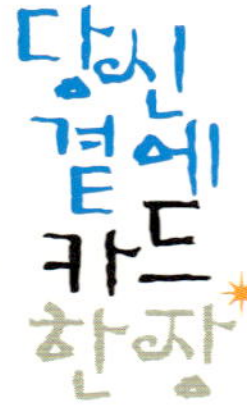

제1판 제1쇄 발행_ 2015년 5월 30일
제1판 제2쇄 발행_ 2015년 6월 15일

지은이_ 오정란
펴낸이_ 소종민
편집인_ 윤이주

마케팅_ (주)작은숲
디자인_ 디자인찌개

펴낸곳_ **도서출판 무늬**
등록번호_ 제441-2010-000003호
등록주소_ 363-831 충북 청원군 문의면 노현리 557
홈페이지_ http://cafe.daum.net/muneui
전자우편_ muneui@hanmail.net

편집실 **북클럽 체홉**
주소_ 360-120 충북 청주시 상당구 남주동 598-21
전화_ 043)283-2595
팩스_ 043)283-2591
홈페이지_ http://cafe.daum.net/boowri
전자우편_ minecrit@hanmail.net

ⓒ 오정란

ISBN 978-89-969848-2-7   13180
값 15,000원